博苑拾光

博物馆教研行思录

李飞群 著

燕山大学出版社
·秦皇岛·

目录

第一章 博物之美

清代的扇面书画艺术　002

手炉的纹饰与工艺　014

从坐姿变化看文明发展　026

民间谱牒记录下的清初舟山遭徙与展复　030

舟山博物馆藏泗州大师石像考析　040

第二章 博物之育

地域文化视野下博物馆教育读物的创作研究　048

数字技术影响下中小博物馆教育传播的跨界呈现　059

儿童在博物馆中的角色分析及其实现　070

寻找博物馆教育的味道　079

共同富裕示范区背景下博物馆革命文物的创新性传承研究　088

"诗画浙江"语境下博物馆研学课程的设计与思考　100

第三章 博物之趣

中小型博物馆文创产品开发的困境和发展对策　114

浅谈博物馆与文化产业的互动发展　123

文旅融合下博物馆文创产品的坚守与发展　132

"让文物活起来"背景下博物馆展示传播的思考与实践　142

后记　157

第一章
博物之美

博物馆里的美是形形色色的,厚重优雅的青铜器、墨韵生动的书画、粗糙笨重的石器、发黄暗沉的古籍、纯真美好的纹饰、花俏丰繁的意趣……

博物馆里的美,是一种情感,当它们静静地躺在我们面前,走过千百年的时光与我们对望,我们便被吸引,被感动。

『寻找情感的始发,找到内心的共鸣。』这应该是博物最高级的美吧。

清代的扇面书画艺术

扇面绘画是中国传统书画中一种独特的艺术样式，其精致、小巧、独到的绘画形式和小中见大的艺术特征备受人们珍爱。近年来，扇面书画频频走进中考卷。2015年山东省德州市中考卷上，出现了"扇面书画的形式美感"阅读题，从扇面书画的发展历史、特殊的形制、创作技法介绍了扇面小而独特的形式美感。无独有偶，2016年甘肃省武威、平凉、张掖、白银等市中考卷的现代文阅读为《扇子的学问》，文章介绍了羽扇、团扇、折叠扇三种历史悠久又独具特色的扇子，阐释了中国扇文化深厚的文化底蕴。

小小的扇面书画，何以受到如此青睐？扇面书画究竟有多美？让我们一起走进这摇曳的丹青。

一、扇面书画艺术的缘起与发展

扇面书画，顾名思义，就是在扇面上"留书作画"。扇面书画最早可追溯到东汉末年魏晋时期。唐张彦远《历代名画记》载有"杨修与太祖（曹操）画扇误点成蝇"。《太平御览》中所引《俗说》记载："顾虎头为人画扇，作嵇、阮，面不点睛，曰：'点眼睛便欲语。'"《晋书·王羲之传》中记载"尝在蕺山见一老姥持六角竹扇卖之，羲之书其扇，各为五字"。《历代名画记》记王献之"桓温尝请画扇，误落笔，因就成乌驳牛，极妙绝。又书《驳牛赋》于扇上，此扇义熙中犹在"，可谓目前已知的第一个书画合璧的扇面。

扇面书画艺术历经唐、宋、元、明、清数个朝代，逐渐成为中国艺术中的一个重要类别。唐代扇子的种类已日益繁多，有羽扇、素罗扇、团扇、纨扇、福寿扇、碧纱扇、蝉翼扇等，形状也有了丰富变化。到了宋代，随着绘画艺术的蓬勃发展，扇子与书法、绘画、设计等多种艺术形式融合，造就了赏心悦目的"扇面书画"艺术。明清时期是扇面书画发展的顶峰，风格流派异彩纷呈、名家辈出，且扇骨、扇柄、扇坠、扇袋、扇流苏等艺术装饰配套上非常考究，扇骨的材质也日趋贵重，工艺加工也更为别致，雕镂、刻、嵌等手法多样。民国以后，团扇从文士生活中消失，折扇尚且延续余晖[1]。

二、清代扇面书画的复兴与盛行

扇面书画艺术源远流长，但其发展进程并非一帆风顺。扇面书画艺术在宋朝时获得了巨大发展，然而元朝既没有继承前代团扇艺术的繁荣，也没有开启后代折扇艺术的发展，处于一个寂然安然的低谷，呈现出一片萧索的景象。

直到明清，折扇的异军突起带来了折扇书画艺术的繁荣与发展。明中后期"吴门四家"文徵明、沈周、唐寅、仇英等的扇面书画最受推崇。到了清代，扇面书画之风更炽，几乎所有的文人书画家都喜欢在扇面作书作画，在团扇上作书画的风气也忽然活跃起来。毕生喜好书画的乾隆皇帝，曾命礼部尚书将扇面编目作序，名为《烟云宝笈》

---

1. 沈从文：《扇子史话》，万卷出版社，2005。

出版[2]。帝王对扇面的钟爱、文人雅士的乐于赏玩，以至出现了"制一扇，所费数金，而人必数扇，且辗转丐求名手书画，以相夸耀"（清无名氏《避兵杂记》）的盛况，扇面书画终于迎来了复兴与盛行，缔造了扇面书画成熟的格局，"松江画派""清六家""四僧""扬州八怪""金陵八家"等都在扇面艺术史上写下了辉煌的一页，铸就了扇面书画艺术的另一个高峰，使扇面画成为中国书画艺术宝库中耀眼的"别体之作"。

三、清代扇面书画的题材及艺术特征

清代扇面书画呈现出多姿多彩的面貌，包括花鸟虫鱼、山水楼阁、人物故事、诗词歌赋等几乎所有的书画题材，虽属小品，却有着小中见大、隽永精辟、意境深达、气象万千的艺术效果。书画家在咫尺之内的扇面上写书作画，讲究布局精准、技法娴熟、构图严谨、艺术情趣，一幅盈尺小品往往能体现创作者在自然情态下的艺术造诣和笔墨意趣。本文结合舟山博物馆藏品，解读清代扇面书画艺术[3]。

（一）扇面山水画

清代扇面的山水画构图，既沿袭了前代画法特点，同时出现了较多新的变化，风格多样，其中占据主导地位的是注重笔墨情绪的文人山水画。

如《秦炳文山水扇面》采用了两山夹水构图，不刻意强调技法，充溢着清虚灵动之笔情墨趣。此图描绘了舟翁垂钓横江之景。数块小坡露出江面，与小舟遥相呼应。左部近岸坡上杂树成林，参差错落，水榭半露。对岸横坡架桥，山谷云绕，山后有山，尺幅之间，天外有天。山用披麻皴，设色以赭石为主兼花青，笔墨清苍秀逸，高度艺术性地表现了自然山水之美，一派文人理想化的境界（图一）。《吴谷祥秋景山水扇面》也采用了同样的构图，描绘了一幅深秋雨中晨景。远山空蒙，近景湿润明朗，坡上杂树参差成荫，奇松垂藤。水榭傍岸，老者坐观湖景。对坡芦丛有雁飞起，成人字形。画面设色赭石、花青、朱砂点，山坡用披麻带乱柴皴，墨韵生动，意境悠远（图二）。《任预

2. 黄薇：《文人与扇 的不解之缘 扇面书画：咫尺间的雅趣风流》，《国家人文历史》，2013（10）。

3. 舟山博物馆：《明清书画集》，中国文史出版社，2008。

山居图扇面》以"横展型"构图,山势呈现横向铺开,两山阔谷之间,小山回环,杂树交错成林,楼庄掩映,云雾弥漫于横山,沿谷而逝,泉瀑半隐树间,顺川而下。左下阔水渔翁荡桨,与右下虚谷相呼应。画面虚实迷蒙,山用披麻皴,兼层层点染,深厚苍润(图三)。

◎ 图一 秦炳文山水扇面 纸本设色
纵18厘米,横52厘米

◎ 图二 吴谷祥秋景山水扇面 纸本设色
纵18厘米,横52厘米

◎ 图三 任预山居图扇面 纸本设色
纵18厘米,横53厘米

（二）扇面花鸟画

红花绿叶有意，禽鸟草虫含情。清代花鸟画在扇面绘画中占了绝大多数，是扇面花鸟绘画成熟和极盛时期。清代花鸟画突破了宋代院体的写生模式，丰富和创新了水墨写意、没骨花卉等技法，给这一方天地带来了新的动感与活力。

任熊善双钩写意，情景交融。既注意物象的描写，也重视花鸟画的意境，达到情调清新、情景交融的地步。被评曰："创作花鸟，即以衣纹圆劲之笔，创作双钩，波磔如篆隶八分，妩媚中多苍古之趣，独开生面，真绝技也。"[4] 在任熊《金鱼扇面》中，紫藤花叶倒垂茂密，池中金鱼闻香摆尾游来，在大片浓淡青蓝色的水草衬托下，红色更为突出，鱼目有神。左部几杆墨枝与右边题款，在小枝牵引下，协调统一；用点簇法成画，画面生动，色彩鲜明，对比强烈，给人以一种大俗即大雅的审美效果（图四）。

任薰工写兼善，取景布局，富有新意，尤其适应扇面上的表现技法，能笔随意转，在极小的团扇、折扇画面上，开拓出广阔、妙趣盎然的意趣。尤长于使用重彩着色，能把对比鲜明的色彩调和统一起来，使画面上的景色更显壮丽，又能从鲜艳色彩中透出古朴的意境。在任薰、任颐、郑浩合作《芙蓉翠梅蔷薇图扇面》中，以折枝、水芙蓉、薇花、翠梅，直播、横叉、倒挂成势，有红、白、蓝、墨，绿叶相衬，相映成趣，色墨生韵（图五）。

邓启昌画菊独树一帜，其画色彩浓艳、湿润，花、叶、梗随扇形而展伸。在作品《菊花图扇面》中，菊花盛开，梗叶郁茂浓润，重叠有序，疏插二枝石榴花，各种花卉随手拈来，整幅作品充溢着活泼清新的意趣（图六）。倪田尤善画马及走兽，能随手挥洒，不用巧笔起稿。作品《猴马图扇面》，情节奇特稚拙，富于乡土气息。池边白马饮水，岩上猴子前扑相嬉；红枫下垂，岩下竹叶茂密，池边嫩草丛生。整幅画面互有呼应，意趣生动，耐人咀嚼（图七）。

不同的画家对物象表现出不同的感受和表现手法，或紧密中求疏朗，或遒劲中见温润，造型细微、生动传神。他们对描绘对象的形象和色彩运用的适度及画面构图艺术的把握等方面都臻于完美。

---

4. 任熊受到赵之谦的影响，吸收了书法用笔，故有后世美术史家评曰："创作花鸟……真绝技也。"

◎ 图四 任熊金鱼扇面 纸本设色 纵18厘米，横52厘米

◎ 图五 任薰、任颐、郑浯合作芙蓉翠梅蔷薇图扇面 纸本设色 纵18厘米，横53厘米

◎ 图六 邓启昌菊花团扇面 绢本设色 直径4.8厘米

◎ 图七 倪田猴马图扇面 纸本设色 纵18厘米，横53厘米

(三)扇面人物画

在文人画的美学思想中,图写人物当以精神气质为首,外形的真实与否反在其次。清代以来,人物、肖像扇面从民间绘画和西洋绘画中汲取营养,人物线条以轻、重、粗、细、长、短、虚、实等"十八描"变化规律,巧妙结合,形成了新的艺术潮流。

任薰人物画结构严谨,重视疏密虚实的主从关系,无论一人、一花、一鸟的主从关系都能巧心安排。画面给人一种空灵明快之感,线条遒劲圆韧。尤其是晚年人物衣褶,运笔如同书法中行草,似有行云流水之感。任薰作品《赏梅图扇面》中,画中平坡,横江曲折迂回,两岸各画三棵树木遥相呼应,临风潇洒、疏密有致。树顶上部和对面山形均消失于画外,坡上高士披帽、铺毯、设架摆书,席地端坐。小童前面随意扶枝,与高士相对应。江边布石块,坡上点绿草,对岸江边,用水渍法烘晕,以细淡绿点丰实内容,衣褶用铁线描,笔法遒劲(图八)。

徐祥、朱本的人物画扇面,以"童叟牵竹""泛舟观雁"为造型,自然古雅、细密清隽,点色幽淡,凸显出笔墨爽利洗练、章法多变的画风。徐祥作品《三多图扇画》,画中腰缠带枝叶蟠桃和石榴的小童,以竹竿回首,牵一神采奕奕的老翁,行于坡上。右部的两块无形大石,遮去长袍一角,使人、石不散。上露出蟠桃枝叶,与右边相统一。左上题款和长竹竿的斜横,使整幅画面相呼相连。石用湿淡墨、乱柴皴,衣褶用减笔描,笔法挺劲圆润(图九)。朱本作品《秋江泛舟图扇面》构图完美,大江纵横画面,一行大雁成人字形由远而近:一叶扁舟沿岸而行,舟子悠然摇橹,文士倚枕仰观秋雁;岸边红叶疏朗,鹿角古树盘根错节。远处沙堤一角。题款二行呼应。整幅画面以斜生势,笔法苍劲(图十)。

◎ 图八　任薰赏梅图扇面　纸本设色
纵18厘米，横53厘米

◎ 图九　徐祥三多图扇面　纸本设色
纵18厘米，横52厘米

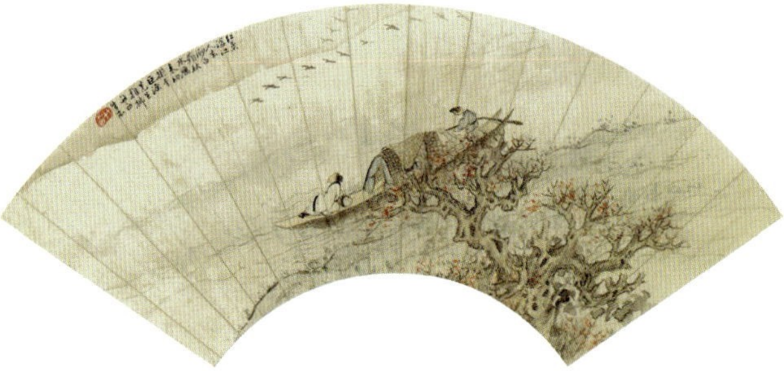

◎ 图十　朱本秋江泛舟图扇面　纸本设色
纵18厘米，横53厘米

第一章　博物之美

（四）扇面书法

扇面书法丰富了扇面的装饰形式，使扇面成为与卷、轴、册、对联等装裱形式并立的创作样式，扇面书法成为扇面书画艺术的重要组成部分[5]。

扇面书法具有独特性。它篇幅较小，上宽下窄，行短且行距窄，因此在创作上受到一定局限。如何充分利用扇面的这种独特性，在章法布局、行气转换、书体选择、笔墨经营等方面匠心独运，既能表现出自家风貌，又能创新求变，值得玩味。如毛承基有金石癖，工篆、隶、钟鼎、砖文，古雅有致。作品《隶书扇面》，以平展式的章法布局寻求突破，勾、提、点、捺、飞白、顿挫之间写出了形意之美（图十一）。张问陶诗书画造诣精深，书法刚劲，笔意沉郁空灵，骨力内蕴，饶有意趣。作品《行楷扇面》以清新多姿、疏密有致的美感，使整个扇面线条匀称、结构优美（图十二）。梅调鼎书法传承"二王"一脉体系，挺拔秀逸。作品《行书扇面》，长短句的布局显得疏密有致，

5. 张伟生：《扇面十讲》，上海书画出版社，2003。

◎ 图十 毛承基隶书扇面 纸本墨笔 纵10厘米，横53厘米

◎ 图十二 张问陶行楷扇面 纸本墨笔
纵18厘米，横52厘米

◎ 图十三 梅调鼎行书扇面 纸本墨笔
纵18厘米，横52厘米

具有清新自然的美感（图十三）。

　　清代的书画扇面，不管是在题材、内容、形式还是技法、构图等方面，都有令人耳目一新的感觉。这些存世的扇画作品艺术贯穿了整个清代绘画史，为研究明清绘画的时代风格及书画家的个人风格提供了极其珍贵的信息资料。

结 语

一把小小的扇子，蕴含着传承千年的制扇工艺与书画艺术，集中体现出中华文明中的美好一面。无论是寥寥数笔，还是全景工笔，亭台楼阁，笔致毫发。展开扇面，从画的布局构图、笔触的深浅虚实、水墨重彩，细细品味，能充分体味到扇面书画艺术深厚的文学渊源，以及画家丰富的精神内蕴。

如清代吴石仙《山水扇面》，意境清远，画两岸平坡连桥，近坡树木展枝高耸，梅花盛开，绿树成阴，层层远去。茅舍小庄置于两树左右，岚气朦胧，莽莽山形沿溪河延伸。远山横卧，隐约可见，近河过桥而宽阔，和二三渔舟相对，渔翁作业，或撒网，或收网，或泊舟（图十四），正是"山重水复疑无路，柳暗花明又一村"，绘画和文学艺术之间相融的亲缘关系已淋漓尽致。又如严信厚《芦雁团扇面》中，横浦水滩，寒风凌厉；芦秆倾倒，花叶下垂；横线水纹，推波助澜，双雁栖息。一只雁引颈仰望，另一只雁依偎身旁，回过头来瞅着对方，似乎正张嘴呼应，如此自然而又温馨的瞬间定格成画面，带出无限遐想的意境，"语尽而意不尽，意尽而情不尽"（图十五）。

（二）图十四 吴石仙山水扇面 纸本设色 纵18厘米、横53厘米

图十五 严信厚 芦雁团扇面 绢本设色 直径24.8厘米

一把小小的扇子,在众多的文学作品或舞台表演中,也传达出更加细微恰切的情感。《空城计》中诸葛亮在敌兵重围的困境中,泰然挥扇,运筹帷幄中更添潇洒;《念奴娇·赤壁怀古》中周瑜"羽扇纶巾,谈笑间,樯橹灰飞烟灭",儒雅机智,风流倜傥;《秋夕》中"银烛秋光冷画屏,轻罗小扇扑流萤",少女们持扇追萤的活泼姿态和欢乐情绪,令人神往;《牡丹亭》中的杜丽娘和春香,《红梅阁》中的李慧娘,《西厢记》中的红娘,或扑蝶舞扇,或含羞遮面,或摇曳生姿,演绎了一份份纤柔的姿态和如风的柔情。

一把小小的扇子,文人画家们赋予虚实相生的书画艺术,从而成为一个特定的文化意象,实乃小品大艺也。

手炉的纹饰与工艺

手炉为旧时掌中取暖工具。它的纹饰和工艺反映了当时人们在社会实践中产生的感情愿望和审美观等，其凝练的艺术审美、丰富的文化底蕴给人一种回味无穷的享受。

如今，随着社会的进步，手炉已退出生活的舞台，逐渐被人遗忘。那曾经与手炉有关的故事也已渐渐模糊，但"抚炉忆昔"，仍不失一段温暖的回忆。

一、手炉的起源与历史演变

手炉,《辞海》中解释说:"冬天暖手的小炉,多为铜制。"《红楼梦》第八回中也有关于"手炉"的描述:"可巧黛玉的丫鬟雪雁走来,给黛玉送小手炉儿,黛玉接了,抱在怀中。"它是一种取暖工具,与脚炉相对而言。因可以捧在手上,笼进袖内,所以又名"捧炉""袖炉";炉内装有炭火,故也称"火笼"。用火取暖,是先民们早就发现的。古人将火种放进陶器具内,称为"火炉"。大家围坐取暖,在古诗文中常有描写。唐代诗人白居易曾写诗道:"绿蚁新醅酒,红泥小火炉。"手炉,是在火炉的启示下演化而来的。

手炉的起源,民间传说与隋朝时江都(今江苏省扬州市)一个叫许伍的县官有关。当时,隋炀帝南巡到江都,正值深秋,天气肃杀寒冷,许伍为取悦炀帝,叫江都铜作名匠赶制了一对龙凤铜手炉加入火炭,献给炀帝取暖。炀帝十分高兴,捧在手上,便称之为"手炉"[1]。后来有人仿制,逐步流传开来,在民间普遍使用。元人伊世珍《记》引《采兰杂志》云:"冯小怜有手炉曰辟邪,足炉曰凫藻,皆以饰得名。"元张显也在《辇下曲》中云:"国老手炉先引导,白头联骑出都城。"从这些记载中可以看出,在元代已有手炉,且有辟邪饰纹,故以"辟邪"命名。而作为暖炉类,在宋就有被炉,范成大《丙午新正书怀之五》云:"稳作被炉如卧坑,厚裁绵旋胜披毡。"取暖之外,手炉更有焚香之功能。《红楼梦》十九回:"袭人……又用自己的脚炉垫了脚,向荷包内取出两个梅花香饼儿来,又将自己的手炉掀开焚上,仍盖好,放在宝玉怀里。"作焚香之器,历史上最有名的为汉武帝时的卧褥香炉,《西京杂记》卷一:"长安巧工丁缓者……作卧褥香炉,一名被中香炉……可置之被褥,故以得名。"

"手炉"的发展,大致经历了汉唐宋元的发展期、明清的鼎盛期以及民国的衰落期三个阶段。早期人们采用的是"陶范法制作,器物上留有铸疣、铸瘤,无梁带"四系,可提起移动。到了唐代,随着冶炼技术的成熟,制炉材料由青铜改为铜,器型多为"簋之属为之",即方圆二式。将火炭或余热的灶灰放入其中,小不盈掌的袖炉用来"熏衣炙火"。明清时代的手炉制作达到了鼎盛时期,制炉工艺明显提高,

---

[1] 金根源、张正望:《中国民间手炉鉴赏》,古吴轩出版社,2008。

材质精良多样，炉体古朴厚重，线条遒劲自然，刀法圆滑洒脱。特别是清代，手炉制作工艺达到了炉火纯青的境界，不光有水红铜、紫红铜、红铜、黄铜、白铜等材质的手炉，还出现了景泰蓝、描金漆、铜鎏金、玉等材质考究，极富观赏性的手炉。相比明代自然简朴的纹饰，清代的手炉纹饰则显得纷繁复杂。不仅炉盖镂雕精致生动、状态各异，炉身纹饰也是极为讲究，山水人物、花鸟祥兽等纹饰满器，繁缛细密，炉底和提柄处还题有作坊或人名款识。当时制炉名声显赫的除张鸣岐以外，还有周文甫、王凤江、蔡家、赵一大、潘祥丰、胡文明等，"皆名闻朝野，信令传后无疑"[2]。而手炉收藏和玩赏也风行一时，从史籍记载来看，使用手炉的人，上自皇帝、妃子和朝廷大臣，下至平民百姓，几乎遍及城镇和乡村。在古代文人眼里，铜手炉的玩赏功能已经大大超过了它的实用功能。到了民国时期，由于社会动荡，经济衰落，手炉工艺逐渐衰落，制作工艺也由繁至简，不但形状纹饰单一，且材质也以黄铜居多。二十世纪五十年代后，已鲜有新制的手炉，此时手炉的制造和使用已是日薄西山。

二、手炉纹饰与工艺赏析

手炉由炉盖、炉身、炉底、提梁等组成，早期的手炉以方圆为主，后来出现了六角形、八角形、瓜棱形、梅花形、花篮形、海棠形等千姿百态的造型。此外，考虑到手炉的坚固性、美观性，工匠们将炉底设计成平底、凹底、奶足底、荸荠底等，一些手炉的提把上也作了艺术设计，如弧形柄、花纹柄、花篮柄、折角柄、竹节柄等。手炉除讲究器型外，最出彩的工艺是纹饰，手炉上的纹饰主要体现在炉盖上，其次是炉身和炉柄等处。花纹纷繁、镂空雕刻的炉盖与绘有福禄祥兽、人物山水等花纹的炉身相得益彰，寄托了人们追求吉祥的美好愿望，反映了人们的意识和时代审美特征。

手炉作为一种传统的工艺，不仅集古今工艺美术之精华，也蕴含了较高的历史文化内涵与收藏价值，是传统工艺百花园中的奇珍异卉。其精美的纹饰和雕琢錾刻工艺略可分为三种类别，现以舟山博物馆藏手炉为例，分别介绍。

2. 周南泉：《明清工艺美术名匠》，《故宫博物院院刊》，1985（1）。

（一）几何形纹饰

几何形纹饰在明中晚期手炉中尤为盛行。用朴拙、严谨的几何纹饰用作炉盖的主纹样，主要有连珠纹、八宝纹、弦纹、编织纹、云雷纹、窗格纹、水波纹等。这些几何形纹饰通过以单种或数种几何形美术图案上下左右反复来回而产生的美丽图案，犹如古典园林中的花墙漏窗一般雅致，印证了明代工艺崇尚简约、朴素的特点和审美理念。

1. 民国 几何纹圆形袖炉

炉高 6.9 厘米，炉身腹径 5.5 厘米，银白铜，平底，无提梁。炉盖以无数规则的几何图形编织结构为图案，使人感觉千变万化。器型小巧玲珑，制作考究，雕刻精细，把握在手掌心或藏匿在袖管里，极有韵味，别具一格（图一）。

◎ 图一 民国几何纹圆形袖炉

◎ 图二 明 张鸣岐款编织纹方形手炉

2. 明 张鸣岐款几何纹方形手炉

炉高10.5厘米，口径14.5厘米×11厘米，底径18厘米×13.5厘米，长方形，四角圆弧，平底四乳足、单提梁。此炉壁厚体重，致密坚实，浑厚古朴而又不失精巧，铜质纯净，包浆柔和，暗暗的紫铜光泽给人一种沧桑之感。炉身素面无纹饰，炉盖运用竹篓编织形纹饰，炉底有"张鸣岐"款（图二）。

3. 清 花卉几何纹瓜棱形手炉

炉高9.5厘米，口径11.5厘米×9厘米，底径9厘米×7厘米，平底，单提梁。此炉铜质优良，包浆自然，造型古朴。炉身呈瓜棱形，光素无饰，炉盖镂空花卉几何纹，器型精巧，工艺精湛，有种自然舒张而随风飘逸的神韵（图三）。

◎ 图三 清 花卉几何纹瓜棱形手炉

（二）吉祥纹饰

随着炉制作业的发展，手炉的纹饰与工艺也日益丰富多彩。清代人注重花俏丰繁的审美意趣，手炉的纹饰和工艺也变得格外讲究，不厌其精。我国传统文化中最纯真而美好的吉祥纹饰在手炉中运用也异彩纷呈。珍花异草、祥禽瑞兽、音韵文字、神话传说等都构成了吉祥图案的深厚意蕴，它在几何形的基础上更添几多风采，几多寓意，如喜上眉梢、彩蝶如意、刘海戏金蟾、和合二仙、竹报平安、马上封侯等，每一种都表达了人们对幸福、美满生活的向往和追求。

1. 民国 云白款喜鹊登梅圆形手炉

喜鹊登梅是中国传统吉祥图案之一，梅花是春天的使者，喜鹊是好运与福气的象征，民间传说七夕时人间所有的喜鹊会飞上天河，搭起一条鹊桥让牛郎和织女相见。因此喜鹊登梅寓意吉祥、喜庆和好运的到来。

此炉高 8.5 厘米，炉身腹径 10 厘米，黄铜，平底，云芝耳，单提梁。炉盖纹饰运用吉祥图案喜鹊登梅图案，意寓喜事临门。底有"云白"款（图四）。

◎ 图四 民国云白款喜鹊登梅圆形手炉

◎ 图五　民国福禄寿圆形手炉

◎ 图六　民国荷花蝴蝶圆形手炉

2. 民国　福禄寿圆形手炉

福禄寿纹饰为传统的吉祥图案，明清时极流行。有时以手执桃子的福星，或以蝙蝠、龙凤、瑞日寓意福；以鹿、元宝寓意禄；以仙鹤、寿桃、松柏寓意寿。福象、禄象、寿象的祥符图案内容寄托着古人对家道昌盛、多子多福、升迁、发财、成名成家、长寿康宁的愿望与憧憬。

此炉高11.5厘米，炉身腹径14.5厘米，黄铜，平底，云芝耳，双提梁，炉盖以镂空网状纹为地，中间开光镂空"寿"字纹，其外饰一组蝙蝠（福）与钱币（禄）纹相间作图案，为福禄同寿之意（图五）。

3. 民国　荷花蝴蝶圆形手炉

花蝶纹，是在蝴蝶纹的基础上加入花卉元素构成的纹饰，是中国民间喜爱的吉祥纹饰之一。蝴蝶翩翩飞舞，有一种缠缠绵绵的意境，象征亲人、爱人、有情人之间欢乐团聚不分离；蝴蝶纹与牡丹、荷花、菊花等其他花纹相配，象征富贵、吉祥、平安等美好的祝福意境。

此炉高7.9厘米，炉身腹径12厘米，黄铜，平底内凹，单提梁。炉盖镂空二周连珠纹，中间錾刻花瓶、荷花、蝴蝶纹饰。荷谐音"和、合"，即和谐、和好、好合；"瓶"和"平"同音，寓平安之意；蝴

◎ 图七 民国花果纹海棠形手炉

◎ 图八 清双喜纹方形手炉

蝶暗喻老人长寿、福祉（图六）。

4. 民国 花果纹海棠形手炉

花果纹，是指以各种花朵、果实为主题的纹饰。多为石榴、荔枝、葡萄、枇杷、桃、柿子、西瓜、苹果、樱花、茶花、莲花等各种花果纹样，寓多子、多福、多寿之意。

此炉高 11 厘米，炉身腹径 13 厘米，黄铜，海棠形，平底内凹，单提梁，此炉在器型和纹饰上都有独特的艺术创新，炉型打破方圆常规，采用海棠型表现形式，炉盖纹以网格纹为地，中间开光錾刻花果纹，既玲珑别致，又有富足、丰美的寓意（图七）。

5. 清 双喜纹方形手炉

书画纹，是指以山水人物、庭院及文字图案为主题的纹饰，书画纹饰在清中晚期较为常见。有将古代书画中的山水人物及书法文字摹绘下来，与炉盖几何形纹饰相融于一体的；有将常见的文字与其他装饰相结合组成图案展示内涵的。如"喜""寿""福""万"等汉字，表达了人们多福多喜的心愿，为平民百姓所喜爱。

此炉高 11 厘米，炉身腹径 12 厘米，黄铜，方形，平底内凹，单提梁。炉盖中间镂空双喜字纹，与中国传统几何纹样相结合，错落有致，具有浓厚的生活气息，反映出人们对幸福和美好意愿的祈求，多用于结婚致喜盛礼之用，寓喜事连连（图八）。

手炉中的吉祥纹饰丰富多彩，千变万化，除上述列举的题材外，吉祥纹饰还有很多。它所承载的已经不止于单纯的心理写照，更是人们对自然世界"天人合一、万物有灵"的理解、对人际社会"美善统一"的态度，以及对幸福的渴望和生命的礼赞。

（三）欣赏性纹饰与工艺

清代是我国手炉制造史上的繁荣时期，造型活泼多样，纹饰图案题材广泛，工艺精雕细镂、穷极工巧，使得手炉进入宫廷，一跃成为皇家日用品，呈现出千姿百态的面貌。特别是清中晚期，錾花工艺发展形成了独立的艺术，炉身通体雕镂錾刻，各种优美的山水景致、福禄祥兽等欣赏性纹饰浓缩在银寸之中，意境非常缥渺和深远，规格高的甚至还使用了烧蓝、镏金及错金错银等特种工艺，给人一种别致富丽之感。

1. 清 錾刻花鸟纹圆形手炉

錾刻工艺是手炉最常用的装饰方法之一，兴起于乾隆、嘉庆年间，到了同治时期已日趋成熟。工艺名匠以錾刀代笔，利用铜质柔软和延展的机理特性，直接在铜器上镌图画画。或平刻，或镌刻，或镂刻，线条灵动流畅，奏刀爽劲，呈现出千变万化的浮雕状图案，给人以玲珑剔透之美感，具有很强的视觉享受和极高的艺术感染力。

此炉高 7.8 厘米，炉身腹径 10.5 厘米，白铜，平底，单提梁。运用镂雕和錾刻两种工艺，炉盖上镂雕菊花纹与几何纹相连接。炉身上精细地錾刻花鸟纹饰，几棵清高而有节的竹枝上，栖息着一只可爱的小鸟，竹报平安，充满了中国独有的文化韵味（图九）。

2. 清 开窗烧蓝花鸟纹长方形手炉

烧蓝为景泰蓝工序之一，在银胎上敷以珐琅釉料进行烧制，因蓝银色相配亮丽而得名。手炉烧蓝工艺受景泰蓝工艺的影响，用刻刀在铜面上进行细致的线刻，然后将各种不同的釉料填充进这些凹陷的线条中，这种工艺称"烤蓝"或"填蓝"。两者在工艺上相似，烧蓝形成蓝水彩般的透明，清代的皇家贵族特别推崇景泰蓝珐琅彩工艺品，一些精工细雕的"烧蓝"工艺的手炉被达官贵人们陈设在宫殿、厅堂，用来显示其高贵富有的身份。

  此炉高 12 厘米，口径 13.5 厘米 ×10 厘米，底径 19.5 厘米 ×13 厘米，白铜，呈长方形，四角圆弧，平底内凹，单提梁。此器造型稳重大方，胎体厚实，刻工细腻，烧蓝工艺。炉盖镂空梅花网纹为地，中间开光镂空菊花纹。炉身开窗烧蓝绘荷花飞鹤、喜鹊登梅、苍松、青竹图案，四角均书"寿"字纹。寓齐眉祝寿，松鹤延年（图十）。

◎ 图九 清錾刻花鸟纹圆形手炉

◎ 图十 清开窗烧蓝花鸟纹长方形手炉

3. 清 白铜嵌银丝人物图椭圆形手炉

手炉中的错金银工艺，多见于清代乾隆年间。其表现手法为在手炉表面上绘出精美图案，依图案之形錾出槽沟，将纯金或纯银拉成细丝或压成薄片嵌入图案中，而后打磨平整，抛光磨亮。经过错金银工艺加工的手炉，花纹华丽繁复，外表雍容华贵、绚丽多彩，往往供给皇亲贵族及富商巨贾之家享用。

此炉高 12 厘米，炉身腹径 14 厘米，白铜，平底，单提梁。炉盖为镂空云芝万字纹纹饰。炉身开光内嵌银丝刻人物故事图景。庭院内花树草坪，洞石盆景，景色宜人。一官人立于华盖之下，身旁有一侍者，手举华盖。官人面前，差人敬献，有"升官晋爵"的吉祥寓意。线条嵌刻婉转流畅，十分细腻，人物逼真传神（图十一）。

◎ 图十一 清 白铜嵌银丝人物图椭圆形手炉

手炉的纹饰与工艺经过历代工匠不懈地探索和研究，将本地区的时代特征、风俗习惯、传统意识、社会影响、文化经济、审美观等紧密地融合在一起，形成了独特的艺术风格，是一种具有中国民族特色的民间艺术，是民族传统文化中不可分割的一部分。其构思奇巧的造型，意蕴丰富的纹饰，精湛的工艺，值得后人潜心研究考证，加以弘扬传播，以求让手炉艺术能够长久流传于世。

三、手炉里的冷暖情

小小的手炉，记录和展现了一个漫长的历史时期内人们的物质文化水平和丰富的情感世界。它不仅是温暖的，更是温馨的。"绿蚁新醅酒，红泥小火炉。晚来天欲雪，能饮一杯无？"[3] 描绘了文人们在某个冬日的雪夜，围着火炉煮食烹汤，御寒暖身，对酒谈诗的场景。清代宫廷画家陈枚组画《月漫清游》"寒夜探梅"中，屋檐下彩灯高挂，庭院里寒梅著花，女子捧着手炉从另一院落款款而来……乾隆御诗"眷信侵寻槛外梅，倚吟秉烛共徘徊，轻寒不进深庭院，女伴携炉得得来"，更是道出了皇宫贵族的大雅之堂中，女子悠然听曲赏花，炉烟袅袅而出的幽雅；故事片《海上花》中，旧式的女子，捧着手炉，落寞地独坐于清凉的西楼之上……那精巧玲珑的手炉诉说着别样的伤感。这许许多多的手炉，蕴藏着许许多多真真切切的故事，传递着许许多多鲜为人知的冷暖之情。如今，随着社会的进步，手炉已退出生活的舞台，逐渐被人遗忘。那曾经与手炉有关的故事也已渐渐模糊，但"抚炉忆昔"，仍不失一段温暖的回忆。

---

3. 白居易：《问刘十九》。

从坐姿变化看文明发展

中国古人十分重视礼仪制度，对坐姿很有讲究。历史上，中国人的坐姿经历了从席地而坐，到垂足坐的过程，不同的坐姿代表了不同的文化符号。坐姿的发展史，也是国人的文明史。

◎ 图一 瓷塑太白醉酒箕踞像（舟山博物馆藏）

一、坐姿

古代人们合乎礼仪的坐姿主要有二种：一是"坐"或"跪"，即臀部与脚跟接触的跪姿；二是"跽"（音计），即长跪，双膝着地，腰身挺直。

《史记·项羽本纪》云："项王、项伯东向坐，亚父南向坐……项王按剑而跽……"在杀机四伏的鸿门宴上，原来坐而饮酒的项羽，待见樊哙全副武装闯入，一惊，为防不测，忙把着剑柄直起腰杆来。唐代司马贞的《史记索隐》中解释"跽"说："跽，其纪反，跽者长跪。"坐者安逸、谈笑风生，而跽者却少不了戒备或谨慎。

另有一种较为随意的坐姿——箕踞，箕踞是两脚张开，两膝微曲地坐着，形状像簸箕，是一种不拘礼节、傲慢不敬的坐法。舟山博物馆瓷塑李白醉酒坐像就是一幅箕踞像（图一）。

湖北满城西汉中山靖王刘胜之妻窦绾墓出土的鎏金长信宫灯的整体造型就是一个坐状的宫女，体态优雅，而且极富美感，其中真实生动地刻画了古人坐姿（图二）。

到了汉朝后期，胡人使用的可以折叠的轻便坐具"胡床"传入中原，行军时使用非常方便，曹操就曾坐在胡床上指挥作战。唐代中后期时，

◎ 图二　西汉长信宫灯（河北博物院藏）

高凳、椅子等高座家具逐渐流行，到了宋代，因为舒适及便利，"垂足而坐"成为主流坐姿，并进入平民百姓人家。北宋名士张存在家招待客人时，"垂足危坐终日，未尝倾倚"[1]。

舟山博物馆藏的人物故事画册中有一幅"魏照求师图"，画中高府大厅门户敞开，画面中心的床榻上，一素袍高人（郭泰）垂足而坐，目视下面。红衣少年（魏照）拜求入事郭泰，供给洒扫（图三）。可见，垂足而坐已经非常普遍了。

二、坐姿的文明

古人的坐姿虽然是由当时的服饰、家具高低、生活习惯而决定的，但在传统文化中，显示的更是一种文明礼貌，一种人生修养。从先秦到五代，跪是一种坐礼，对坐时表示感激、敬意，行跪礼，如站立时行揖礼。那时相互叩拜是对等的，所谓"来而不往非礼也"。君王与百官也平等，都采用跪坐姿势见面，只分主次，并没有高下之分。但随着坐具的变化，慢慢地，坐与跪就有了高度的不平等，坐变得居高

1.《宋史·张存传》。

◎ 图三 魏照求师图（舟山博物馆藏）

临下，跪变得卑微低下，明史专家吴晗在《朱元璋传》一书中曾这样描述我国古代的君臣关系："在宋以前有三公坐而论道的说法……到宋朝便不然了。从太祖以后，大臣上朝在皇帝面前无坐处，一坐群站……到了明代，不但不许坐，站着都不行，得跪着说话了。"清代成了下跪最盛行的时代，君臣关系从坐而论道、颔首直立，到伏地跪拜，直至三跪九叩，关系愈发变得不平等。

坐姿，不是一个单纯的文化符号，而是一个时代的声音，我们应该尊重历史。一坐一跪之间，都包含着对文明的向往与追求。

民间谱牒记录下的
清初舟山遣徙与展复

明末清初的舟山居民大遣徙，是一部痛史。举世罕见的两次人口大迁徙，颠沛流离的苦难、惊心动魄的展复，舟山民间谱牒记载了这一段段不堪回首的历史。历史长河，沧海桑田，溯本寻源已经成为深藏于每个舟山人民心里解不开的情结，这种深沉的意识，这种与生俱来的认同感和凝聚力，正是舟山群岛新区不断发展繁荣的重要基础。

图一 （清）《定海白泉王氏宗谱》，舟山博物馆藏

民间谱牒，是宗谱、族谱、家谱、家传、家乘的统称，是地方历史文化不可或缺的重要资源，是中华民族的历史传承和文化积淀。民间谱牒的内容十分丰富，其中有氏族迁徙、人物传记、地方名胜、艺文妙章等等。纂谱者大多是本族中颇有名望的文士，他们集前人之成果，向后人叙述了本族所经历的世世代代令人难忘的历史。

舟山历史上修撰及存世的谱牒不多，且大多修于清康熙以后，从舟山史志办、舟山博物馆等所收集的 50 多份民间家谱来看，舟山民间谱牒的修撰年代与明清时期朝廷几次强令迁徙有直接关系。兵燹，遣迁，苦难，与创业之艰难，是众多谱牒所反映的主题。轻抚这历史的足迹，埋首于百年前的文字，倾听着他们曾绝望与希望的艰难呼吸，一群生灵，一串脚印，渐渐明晰起来。

为进一步挖掘利用这些弥足珍贵的文化资源，探究明末清初舟山海岛遣徙与展复诸多问题，汲取民族复兴的精神认同和凝聚力，笔者对舟山博物馆藏的若干民间谱牒进行了深入的研究。今撷其一二，参以地方志，供读者思考。

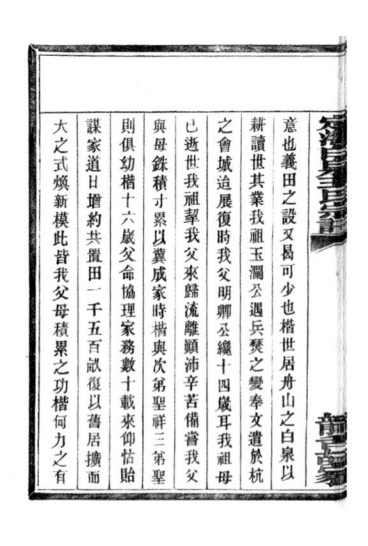

◎ 图二 （清）《定海白泉王氏宗谱》，舟山博物馆藏

一、海岛居民大遣徙

明末清初的舟山居民大遣徙，是一部痛史。定海历史名人王简庵昌科先生在《定海白泉王氏宗谱》记载："国朝定鼎之初，徙舟山居民于各郡县，我祖宗流离颠沛，侨寓于杭。迨康熙二十八年朝廷始议开复，我祖宗重回故土，来守先茔。"（图一）

乾隆二十四年（1759），王氏十五世祖煐代兄楷所撰的《义田记》中称："楷世居舟山之白泉，以耕读世其业。我祖玉澜公，遇兵燹之变，奉文遣于杭之会城。迨展复时，我父明卿公才十四岁耳。"（图二）

清钦赐翰林院检讨、定海人黄敏（字有功）于嘉庆十三年（1808）在《省方公墓志铭》中称：王誉鹏之"高祖讳文波，娶高祖妣陈氏，寄居于杭。生曾祖讳宗藩，时年方九，得随高祖复归故土。而高祖妣因早卒，殡于杭。及高祖去世，曾祖赴杭迁高祖妣来葬于龙舌陇中，复娶曾祖妣罗氏，以染事设坊，得置田一十余亩，诚基业所由起也。尔时，祖年十六已襄家政，凡治产业不争价值，纳租待以宽平，无执多寡，虽一生行事出于天性，亦祖妣之赞助良多也。由是田园日扩，堂构聿新，乃置良田一千数百亩，拓居于田舍王，今则聚族于斯"。

据康熙《定海县志·沿革》记载："本朝定鼎至顺治八年，遣将略定之。九年十月，海贼陷舟山。十三年八月，大将军宜尔德等统兵进剿，奏请起遣人民徙入内地，撤回汛守，老岸钉桩立界。于是海山诸山复为盗薮。今上二十三年，海氛既靖，议复温、宁、台三郡沿海地，浙抚赵士麟、总督孙惟统等疏言，请移定海总兵于舟山，统三营驻扎镇守。二十五年五月，镇臣又来会督，题请设立县治与营员，内外抚绥弹压。二十六年五月，改舟山为定海山。舟山，本象形而名。上谕：'山名为舟，则动而不静。'因易名定海，颁赐宸翰。二十七年，建县治，赐名定海县，而改旧定海为镇海县。"（图三）

◎ 图三 康熙《定海县志》（点校本），舟山博物馆藏

康熙《定海县志》的这段话，以简练的语言，概述了清初舟山徙民内地和展复的时间表。顺治十三年（1656）八月，清政府发布"迁海令"，"以舟山不可守"，严令"午前徙者为民，午后徙者为军"，将男女老幼全数撤离到内陆，境内居民被驱遣所剩无几。顺治十八年，清廷再次遣徙浙东沿海居民入内地，舟山岛被遣1118户、5220人，至此"海外遗民尽矣！"。经三十多年，始获重返。白泉王氏家族的迁徙和回归，就是在这样的背景下展开的。王氏叙述这段家史，虽然仅以"国朝定鼎之初""遇兵燹之变""流离颠沛"三言两语而简言之，

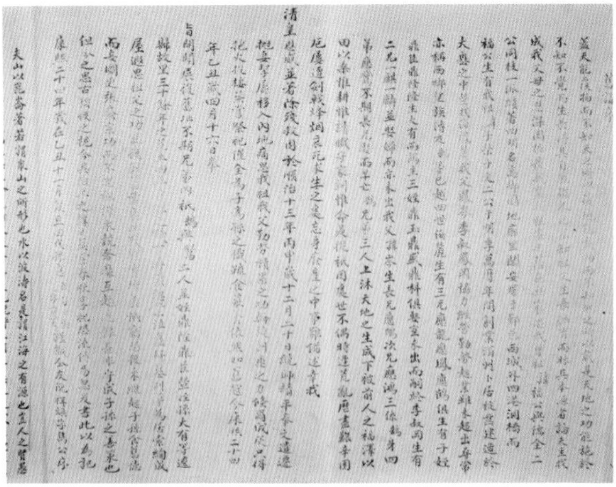

◎ 图四 （清）《岑港沈氏宗谱》，舟山市图书馆藏

但字语间所透出的，却是对清廷禁海迁民政策的无奈，流离失所经历的苦难，回归故土的期盼，以及先民创业的艰辛。

封建王朝的更替，往往伴随着刀光剑影与血雨腥风，是人民遭受劫难而无处诉说的痛史。海禁徙民，弃国土于海外，沿海一片荒芜，清廷的封闭锁国政策严重破坏了生产力发展，由此带来了历史性灾难。不堪忍受痛苦的百民，当回顾这段不堪回首的不幸的家族史时，谱牒便成为情感痛诉的写本。民间的多家谱牒，可进一步佐证这段历史。

写于康熙二十四年（1685）的定海《岑港沈氏宗谱序》道："只因处世不偶，时逢荒乱，历尽艰辛困厄，屡遭剑戟烽烟，哀殁求生之处，忘身废产之中，事难备述。幸我清皇恩威并著，除残救困，于顺治十三年丙申岁十二月二十日，统师靖平。奉文遣迁，抛妻挈属，移入内地。痛思我祖我父勤劳积累之功，斡旋创垂之力，倏尔成灰。只得投栖蒸尝祭祀，仅全为子为孙之职，疏食羹，依然如旧。越今康熙二十四年乙丑岁四月十六日，奉旨开关，展复旧址。不期兄弟内，只鹄与鸾二人，并侄鼎隆、鼎臣，暨侄孙大有等，迁归故里。三十余年之荒土，四五子侄之残丁，寻巢认业，泣庐拜墓，刈草为居，索绹成屋。"（图四）

◎ 图五 （清）《岑港沈氏宗谱》，舟山市图书馆藏

康熙三十一年仲夏，沈氏应鹄于是《谱》言道："迨顺治八年辛卯，大兵会剿，而翁州之土民解倒悬，无如余氛未靖。顺治十一年甲午秋，仍遭猖獗，变乱如前。嗟我父兄，复罹罗网者三年。至十三年丙申冬，又幸我清统兵云集，退害屠城。于是年十二月中旬，奉旨遣徙。当斯时也，予年已一十七岁，抛室挈属，投寓卜居，苦莫苦于此矣。至寓省安业以来，越三十载。而奉文开关，嗣于康熙乙丑四月，内展复旧址，招遣来归。予时年已四十有六。忆昔之遣也，伯叔父兄弟侄，子姓济济多人，环聚而处，群居而叹者，盈庭满座；忆今之归也，我伯之兄弟、我叔之弟侄，而并予伯姆、叔婶，沦丧无人。仅鹄与鸾兄弟二人，侄与孙寥落二三，次第来归，寻基刈草，茆房荆室，躲风避雨。"嗣后其后裔续写道："应鹄、应鸾二公，身遭兵革之灾，家有流离之叹。蒙皇恩，遣入内地三十载。展复故址，重整门楣，捧读祖上之遗训，艰苦备尝，何堪胜道哉？"（图五）

《碇齿里何氏谱》有《遣复记》《迁徙考》二文，择要于兹。前文曰："顺治丙申，诏徙居民入内地。其时限甚迫，船不及载，且遇飓风，而淹

没者所在多有。其幸全者，船一到镇，促迫上岸，满目无亲，怅怅何之！兼之桃符换旧，各拜春王，回念风景，殊难再得。其不至望海，号泣者几希矣。生既无聊，死亦不惜，故有潜入舟山耕作、采捕，以度日者。既而引类以至，而人迹几遍矣。聚处既多，奸宄亦出，时有行劫上乡，大为民患者，后知为盗，复之民赴官呈告。顺治十六年，上命洗净舟山，凡盗复者杀无赦。由是巡抚赵公士麟、提督田雄，各禀公剿，被杀甚众。其有贪生妇女，遗弃儿童，尽为军士房矣。嗣后闭关坚守，无许寸板入海，老岸亦栽桩钉界，海寇绝食，渐行归顺。康熙二十一年，赐覆舟山后，又御书'定海山'三字。建县设署，移立总镇，而舟山如故矣。迄今人烟稠密，民物康阜。后之人享朝廷之福泽，思祖代之流离，则虽身遇盛世，而先人之颠连困苦，不可不时怵于心也已。"后文说："迁徙劳事也，古人恒重言之。定海自开辟来，数千年间，兴废不可得详矣。粤若我朝定鼎燕都，天意有归。不度得者，尚有隆武之踞福州，永历之踞肇庆，监国鲁之踞西兴。定海初遵隆武，继遵永历。自鲁王入舟山后，遂奉鲁王之正朔。顺治辛卯，大兵征抚，建官设署，民始少安。自陈六御入寇，而边海复遭累矣。章皇帝念我民之失所也，乃起遣于内地。夫安土重迁，民情皆一去乱。适治法令难违，吾闻其时给纷纷籍籍，若鸟兽散者，不可胜数令纪。"

定海双桥镇溪口村《续修堂（韩氏）宗谱》中旧谱原序载："本朝顺治丙申冬，我皇上奉旨，将舟山人民迁居内地。一时行旅彷徨，附船紧急，即家眷尚不能聚首，而家谱谁复为留心耶？当是弃之如遗，后日求之不得，此亦势所必然者。迨康熙年间，开覆舟山，本地人民得归故土。时吾韩氏之来归者寥寥儿人，仅有世增公、世伦公、世荗公三人同复舟山。"

读以上王、沈、何、韩四氏诸文，不禁令人掩卷长叹，沉思百端。诸氏所痛陈的一段历史，是明末清初的战乱时期。明末，明廷腐败，病入膏肓的大明王朝内外交困，处于风雨飘摇之中。此起彼落的农民军矛戈直指明政权，转战南北，势不可挡。而崛起的清廷在扼灭农民军之后，遂乘势南下，一路横扫。其间，南明小王朝在当地人民的支持下，曾维持过半壁江山，但由于各支藩王的残军孤立作战，互争地盘，分裂内讧，相互残杀，以致在短短的时间内被清军剿灭。舟山人民的抗清斗争坚持最久，然而命运亦最为悲惨。据舟山地方志记载，顺治八年（1651）八月，清军自宁波、崇明、台州三路渡海攻击舟山。中路集团为主攻，由浙闽总督陈锦亲自指挥，统满汉劲旅自甬江口"以大舰随潮出"登陆，猛攻定海要塞，于九月初二攻占舟山。此役双方将士伤亡惨重，还使城中一万八千名百姓付出生命代价。今定海北郊的"同归大域"，即为埋葬此役死难人遗骨之所。这里尚不包括四处避难和流迁各地的成千成万的无辜居民，他们的流民生活悲剧亦是一言难尽的。至于曾为保卫舟山而与清兵血战的义士后裔，我们可以从"各拜春王，回念风景，殊难再得"的词句中，想见其迁徙、流放、囚禁、管制的悲惨情景。

二、海岛展复与重建

强迁数万千百姓流离于异乡，抛数万里海域之舟山于荒凉，遭到朝野上下有识之士的强烈不满。他们强烈要求朝廷展复舟山，以固疆安民。康熙《定海县志》采录的清定海举人谢交泰和定海知县郝良桐的二篇《请复舟山议》从国防、赋役、资源和黎民百姓的强烈愿望出发，陈述了展复舟山的紧要性和必要性。谢泰交说："窃惟舟山之应复与否，非特定海之关系，实一郡之关系；非特一郡之关系，实全浙之关系；非特全浙之关系，实天下之关系也。"又说："定海，其中为里者四，为岙者八十三，五谷之饶，六畜之繁，可以食数万之众，不待取给于外"，"舟山田产虽少，颇称沃壤，可供十万余人之食"，舟山有"大海鱼盐之利"。郝良桐称："（顺治）十三年八月，满汉诸师合力进剿，贼弃舟山南逃。旋于是年十二月间迁居民，撤守兵。此舟山弃置之由也。"又说："议展覆舟山，窃以舟山自顺治十二年（前后相差一年）迁弃至今，未满三十年，非若大榭、金塘迁自明初，历年三百者比。其被迁之民，现今寄两浙东西内地，在各州县皆可按甲而稽。若许燕返旧巢，鸿集中泽，亦是人情之所乐趋者也。"

可喜的是，康熙帝在平定江山后，顺应历史潮流，"环宇一统，海不扬波，天下晏然矣"，终于颁布《展海令》，舟山展复由此拉开序幕。内迁大陆的居民回归故里，采捕营生，从此海疆迅速振兴，原先寂寞荒凉的舟山重见生机。康熙《定海县志》记载："自海禁既开，江南、浙省、福建沿海诸郡渔船，四、五月间毕集于此，名为鱼汛。"同样一纸命令，一正一反，悲喜之情赫然跃然纸端。清定海知县周圣化在《定海颂并序》中写道："二十五年，从大臣请，开覆舟山，于是疆蛟龙之窟，府虎豹之居，辟莱抽棘之民，从仁人而归者如市。"当康熙帝御笔"定海山"，"锡名定海，宠以宸章，署以银榜"，"自抚臣、镇臣而下大小臣工，莫不岱仰嵩呼，欢若私荣也"。当时舟山居民的欢欣场面虽然不能亲睹，但我们可以在众多民间谱牒的序文中，从其褒颂、感恩之词中，寻觅先民当年的欢愉心情。

然而，迁弃、荒废三十年之久的舟山群岛的展复，并非轻而易举之事。当时舟山满目疮痍，荒草荆棘，残垣断墙，一片破败凄凉景象。回归故土的先民，艰难于途，一切都得从头开始。万事开头难，尤其是创业，在一片废墟上重建家园，其步履艰难更是难以诉说。周圣化说："民是以虽有复间之庆，往往裹足而不敢前。其一二来者，于茅索绹，幸避风雨，则又耰锄不完，斧斤不备，罟网不设，无以播稼穑而利渔樵。"没有屋舍，没有工具，没有种子，生存发展于荒蛮之地，又是何等地困苦！知县感慨地说："圣化为之多方招来，为之委曲区处。荆棘灌丛之乡，狸貉纵横之窟，历崎岖，冒风险，而身先焉。"身先士卒与民共苦的知县尚且如此，白手起家的民庶又怎能有坦途可言呢！历史是人民创造的，从康熙到乾隆，民间谱牒文字告诉我们，近百年的历史，是一部舟山先民披荆斩棘、艰苦创业开发史和奋斗史，一水一土、一路一桥、一井一塘，无不是先民镌刻着血泪、抗争、艰辛、奋进这八个大字。历史有太多的教训。由此，我们没有理由不热爱这片热土，更没理由不热爱这片蓝色的海洋。

结 语

清初舟山的"海禁"，是清政府"弃"与"守"的两难抉择，有着其深刻的内在矛盾与弊害，也由此带来了历史性的灾难。而展复舟山，则是康熙朝顺应历史、合乎民心民意的英明之策。以上历史事实告诉人们，放弃舟山，闭关锁国，是违背人民意志的愿望，逆行倒施，是历史的大倒退,而坚守舟山,发展舟山,则是人民的希望、历史的进步和国家的大幸。

  当我们漫步在古城街巷,信步于田野阡陌,畅游在蓝色的海洋,一片生机盎然的繁荣景象呈现眼前,谁也不会想到,这里曾经是明清两代被废弃的荒无人烟的地方,如今则是人人向往的海上花园。海上敞开了大门,千帆之舟怀着新的梦想正乘风破浪驶向远方。翻过历史沉重的一页,书写舟山历史发展的新篇章,是舟山百万军民新的梦想。

舟山博物馆藏泗州大师石像考析

◎ 图一 泗州僧伽石像

　　泗州僧伽，又称泗州大圣、泗州文佛、僧伽大师等，被称作观音的化身，对水灾、盗贼、求雨、航海保护等的护佑非常灵验，这一说法在民间广为流传。舟山博物馆藏一尊泗州僧伽石像，本文从泗州僧伽石像出土概况说起，对岑港泗州大圣供奉的缘由进行推测，进而探讨舟山群岛的泗州大师信仰。

一、泗州大圣石像出土概况

2001年9月,岑港回峰寺施工时出土了一尊残缺的石像。这尊石像破损比较严重,身子已然不见,仅存的头部也多处风化,但可以看到石像的刻工朴素简练,刻画的人物脸庞丰圆,锁眉合眼,依稀可辨认出头戴佛家的缥帽。由于石像的保存状况并不完好,对于石像的具体身份有多种猜测,有考证为元朝国师藏传佛教萨迦派祖师八思巴,也有考证为天台宗创始人"智者大师"的头像。目前较为一致的结论是,这是一尊宋元时期的泗州僧伽石像。

泗州僧伽,又被称为泗州大圣、泗州文佛、僧伽大师等等。《宋高僧传》卷十八《唐泗州普光王寺僧伽传》有详细记载。依据该书,僧伽原本是西域某国人,少小出家后,于657年前后开始在唐土修行,在泗州(大约相当于现在江苏省的盱眙县)创建了普光王寺。710年,以83岁高龄在长安荐福寺圆寂。僧伽和尚在当世时被称作观音化身,被尊为泗州大圣。

二、岑港泗州大圣供奉的缘由推测

唐宋多有奉僧伽之像,泗州大圣的小僧造像,源于唐咸通年间,僧伽现小僧形于塔顶,以解泗州之困,以后常有现形于普光王寺僧伽塔之顶,从现存的遗迹可见,僧伽像仅有僧形之像。到了宋代,僧伽像已有明显特征。敦煌莫高窟五代末宋初第72窟西龛上方,有头戴风帽,着圆领袈裟之僧伽像,禅坐于深山精舍中,榜题作"圣者泗州和尚"。甘肃天水仙人崖西崖现存的最早佛窟喇嘛楼内发现泗州大圣及其弟子,窟内的泗州大圣像,内着斜领宽袖袍,外披袈裟,结跏趺坐于山形座上。重庆大足北山177窟地藏窟中的泗洲大圣,头戴缥帽,内着交领僧衣,外罩圆领大袍,双手笼于袖内,拱置于腹前,跏趺坐于高方台上。从这些泗州大圣塑像可见,头戴缥帽,身着圆领袈裟,两手在腹前作禅修状,盘腿而坐,这应该是最常见的一种泗州僧伽像的样式,缥帽也应该是佛教高僧泗州僧伽的标志性装扮[1]。另外,陕西历史博物馆、洛阳关林博物馆等馆藏的僧伽大师造像,浙江温州白象寺、浙江瑞安慧

---

1. 王光:《海陆交汇的回响——舟山博物馆藏泗州僧伽石像》。

◎ 图二 《昌国县境图》

光寺、苏州瑞光寺、上海兴盛桥寺、浙江宁波天封塔塔基出土的僧伽大师像，以及泉州开元寺佛教博物馆展出的泗洲大圣石像，这些造像造型与岑港出土的石像面貌如出一辙，脸庞丰圆，神情憨稚慈祥，气魄超凡脱俗。

泗洲大圣石像出土于岑港回峰寺附近，出土的地方是一个临港的山湾，其前面就是舟山史志上记载的元代六国港——岑港。岑港镇附近这片水域在历史上就是水路交通的枢纽。宋代《昌国县境图》（图二）内所标记的"泗州堂"的东面，可以看见靠近舟山岛这一侧标注着一个叫"岑江寨"的地名，此地就在如今的岑港附近一带。而且根据元代《昌国州图志》卷四《叙水》描述，这里当时有"岑江港"，历来在舟山群岛间南来北往的船只都将此作为根据地。这也许就指明了舟山西海岸沿海一带应该是泗州大师的信仰基点所在。再者，《昌国州图志》卷二《乡村》部分记载金塘乡有个叫"泗州岙"的地方，考虑到宋元之际的金塘乡并非仅指金塘岛，而是包括了册子岛和舟山岛西侧岑港附近区域，这里也应该看作是与《昌国县境图》内所标记的"泗州堂"相关的地名，因此石像出土地也可能为古时的"泗洲岙"。

三、舟山群岛的泗州大师信仰

(一) 成寻的泗州大师堂参拜

北宋熙宁五年 (1072) 三月十五日,日本天台宗京都岩仓大云寺总务成寻,以参拜天台山、五台山为目的,坐上了从肥前国松浦郡壁岛 (今佐贺县东松浦郡加部岛) 起程回国的宋朝商船。经过十天左右的航行,到达当时的明州海域,途经舟山群岛。四月二日,船舶停泊于东茹 (茄) 山。在其著述的《参天台五台山记》一书中,1072年四月的条目里,有如下记载 (《大日本佛教全书》第115册《游方传丛书》第3页):

四月一日 (庚戌) 辰时。顺北风出船。申时著岱山。有随稍山西、山也。有人家。东南有栏山。有人家。(中略)

二日 (辛亥) 辰时出船。依潮满以舻进船。午时到著东茹 (茄) 山。船头等下陆,参泗州大师堂,山顶有堂,以石为四面壁,僧伽和尚木像数体坐,往还船人常参拜处也。未时,乘坏,参仕了。山南面上下有二井,水极清净也。沸汤行水了。向东南见杨翁山,有人家,翁山西见马务山,无人家,有三路港。(中略)

三日 (壬子) 依西风吹,不出船。在东茄莱山。福州商人来出荔子,唐果子,味如干枣,大似枣,离去上皮食之。七时行法修了。一船头曾聚志与缝物泗州大师影一铺,告云:"有日本志者,随喜千万。"

四日 (癸丑) 巳时。依有顺风出船,向西行。上帆驰船。未时,南见烈港山金塘乡。有人家。(下略)

对上述行程,依照齐藤圆真《参天台五台山记》(山善房佛书林,1997年) 的注释,同时比对现在的地图做出以下相应的还原。四月一日,成寻一行所乘航船到达位于舟山北部的岱山。次日早上8时从那里出发,经过四个小时左右的航程到达岱山西侧的双合山 (又名"东茄山")。在这里,船老大及成寻一行参拜了山顶的泗州大师堂,并烧水洗澡,有福建商人来船拜访,并飨以荔枝。离开双合山出港时间是在四日早上10时左右。四小时后到达舟山岛的西北部,从那里向南已可望见金塘岛沥港（"烈港山金塘乡"）。

那么，成寻参拜的泗州大师堂应该是唐初的高僧僧伽和尚的供奉堂。这里讲到了泗州大师堂安放了数尊僧伽和尚的木制雕像，往来船人经常参拜，而且又有清澈的水源可供补给。等待顺风的成寻一行的泊航处又曾有福建商人来访，说明这里是当时东亚航线上船主时常光临的地方，一定是航海的人等待风向转变的重要的地点。另外，据《宝庆四明志》卷二十所载《昌国县志》的《寺院》部分"普明院县西北海中。古泗州堂也"，《昌国州图志》卷七的《寺院》部分"普明寺在蓬莱岱山。古泗州堂"等记载，这个古时候叫作泗州堂的岱山普明寺，被描述为高丽国进贡时等待风向的地点。那么《参天台五台山记》中的泗州大师堂是否是指岱山普明寺？有专家提出质疑，普明寺里有传说由公元948年即位的吴越王钱忠懿下令放置于此、相传由阿育王铸造的两座铁制佛塔，"普明寺"的匾额为北宋大中祥符（1008～1016）年间所赐等等。成寻是稍晚些时候拜访的泗州大师堂，可他为什么不但没有记述这个寺名，而且对从吴越王那里得到的铁塔、寺院当时的情形、僧侣们的情况等也是只字未提，仅仅记述了山顶那个四面石壁、环形放置着僧伽木像的庙堂？事实上，成寻所记载部分岛屿的名称与后来的宁波、舟山地方志有差异，而且直到如今确实没有找到北宋古泗洲堂渡遗留下来的蛛丝马迹，但从民国时期的《岱山镇志》中"泗州堂船，在东沙角山嘴头，往来定城宁郡等处"这样的记载来看，综合其他相关史料，成寻到过的泗州大师堂应该是东岱山的普明寺最为可能。

（二）舟山泗州大师信仰的传播
1. 泗州大师信仰兴起与扩散

泗州大圣道行高深，对水灾、盗贼、求雨等护佑非常灵验的说法在民间广为流传，宋朝时泗州大圣的信奉达到顶点。宋太宗重盖泗州大圣塔，泗州普照寺名闻天下，欧阳修、王安石等都曾为僧伽祭典写文章。当时，全国各地都建泗州塔、泗洲堂、泗州庙、泗州寺[2]。一千多年前，舟山各地同样建起众多泗洲堂，并出现"泗洲（堂）"这一地名，除金塘乡的泗洲岙村外，元代《昌国州图志》卷四《叙水》中记载："泗州堂渡（其他五处为舟山渡、竿缆渡、册子渡、金塘渡、

2. 王自夫：《岱山泗州堂与吴越王宝塔》，《舟山日报》2010年8月4日。

沈家门渡）。"这个泗州堂渡得名于附近的泗洲堂。由此可知泗洲堂渡是北宋以来古海上丝绸之路的一个驿站，在舟山海上交通史中占有重要地位。

成寻在其著述的《参天台五台山记》中有"途中十万人满路敢无隙，买卖食物如杭州市"的描述，可见泗州大圣信仰在当时民间已十分普遍。同时书中提到的岛上有福州商人出售水果等商品，在泗州堂祈福的还有日、朝商人，僧伽和尚的造像和图本通过来华僧人传到了日本，朝鲜半岛的新罗也修建了僧伽寺，供奉僧伽和尚。因此泗州大圣信仰的兴盛与福建商人的推动有关，也与活跃的东亚海上丝绸之路有很大关系，使得僧伽和尚作为航海安全的守护神这个信仰更为坚固并声名远播。

2. 普陀山观音道场的兴起

北宋末年金人入侵，淮泗烽烟四起，泗州大圣塔被焚。泗州普照王寺住持宏智正觉南下普陀山，僧伽大师的影响力渐渐消退。进入南宋，普陀山观音道场逐渐确立，直到元丰三年（1080），王舜封出使高丽后向皇帝报告，称在莲花洋上见到观音灵相，宋神宗才赐额"宝陀观音寺"，观音菩萨道场才开始发端。

据南宋以后的史料记载，普陀山的观音像原本是唐大中十二年（858）日本僧人慧萼从五台山带来的。多种史料记载，传说慧萼因为当时所乘的船触及新罗礁而感悟："或许观音像愿意留在这里吧？"于是将观音像安置在礁石附近的岛上。透过有关观音像和新罗礁这类传闻，可以想象当时通往日本、新罗的船只频繁地途经此地的景象。有礁石斑布的海域，对于往来的船只而言一定是一个危险的地方，这可能也是人们要将观音信仰设在此处的重要原因之一。这样看来，舟山群岛的观音以及与之相关的信仰的据点，和舟山北部、西部的被称为观音化身的泗州大师的庙堂，加上东部的各式各样观音院，构成了舟山岛上寺院星罗棋布的局面。这也可以说恰好如实反映了当时舟山岛周边海域海上交通的重要性以及往来船只的密度。

传说中将观音像带到普陀的慧萼，也是一个与泗州大师信仰有关的人物。据《日本文德天皇实录》中记载，慧萼受嵯峨太后之命，向僧伽和尚呈送锦绣袈裟而入唐。慧萼的观音信仰也应该和当时日本王权趋向有关。而且，在各地人们交织往来的舟山海域，泗州大师信仰、观音信仰，向着途经此地的所有船员和乘客敞开胸怀，《参天台五台山记》就有宋海商的泗州大师绣像日本有成千上万的追随者等这样的记载。泗州大师信仰、观音信仰，以及那些传播方式与过程，正如实反映了东亚各国交流上的历史事实。

第二章 博物之育

「博物」是教育的线索，是打开儿童好奇心的钥匙。

创作博物馆教育读物，设计「诗画浙江·博物浪漫」研学课程，聆听革命文物说，寻找博物馆教育的味道……让文物穿越时空与儿童对话，让儿童去追问文物背后鲜为人知的故事，去追寻文物里蕴藏的古人的伟大智慧，去探究文物带给我们人类过去、现在和未来的更多思考。

「一个博物馆就是一所大学校」，把博物馆装进孩子的书包，开展一次博物之旅吧！

地域文化视野下
博物馆教育读物的创作研究
—— 以《博物东海——舟山博物馆文物故事读本》为例

博物馆教育读物是依托博物馆藏品和展览等凝练形成的一种教育产品，是博物馆研究成果的创造性转化和创新性发展。在传统文化持续升温的大背景下，博物馆教育读物发展很快，出现了一大批优秀作品，但从整个教育读物市场看，博物馆资源的开发和利用还远远不够。博物馆如何从馆藏资源中获取灵感，以创意互动的理念，借助教育读物的形式更好地实现中华文化的有效表达？通过对博物馆新时代教育使命的阐述，从地域文化影响力的视角出发，以舟山博物馆海洋文化特色背景下《博物东海——舟山博物馆文物故事读本》的项目开发为例，重新审视博物馆文化资源，提炼本土概念，讲好中国故事，为构建兼具创新性内核的文化话语体系，提供有益的启发和借鉴。

2017 年 1 月，中共中央办公厅、国务院办公厅印发了《关于实施中华优秀传统文化传承发展工程的意见》[1]，要求"把中华优秀传统文化全方位融入思想道德教育、文化知识教育、艺术体育教育、社会实践教育各环节，贯穿于启蒙教育、基础教育、职业教育、高等教育、继续教育各领域"。2019 年 12 月，国家文物局制定的《博物馆定级评估办法》中教育权重明显提升，且更加强调弘扬中华优秀传统文化，实施公民道德建设。

当前，博物馆教育正处在功能提升、结构调整和资源重组的关键发展期和剧烈转型期。观众数量递增，观众素质提升，市场需求旺盛，自身产能不足，数字化、网络化、新媒体等高速发展……面对新形势，博物馆首先应当解放思想，更新观念，从保护馆藏文物为主向传播教育功能为主转变，从提供服务为主向培养观众使用博物馆的习惯转变，与时俱进，融入新科技，寻求科技支撑，努力成为"互联网＋中华文明"的实践者。

在国家的大力推动和引导下，全国各地博物馆对公众教育进行了有益的探索和实践。越来越多的博物馆推出了自己的教育品牌、研学课程、文创产品，创建了艺术沙龙，开展非遗演出、教育联盟等，"博物馆奇妙夜"不再是新鲜名词，国家博物馆、首都博物馆、宁波博物馆等早已试水夜场活动，博物馆全面教育的模式已初见雏形。但是在不断创新的教育形式中，纵观博物馆图书出版物，依然以专业类型图书为主，以文物博物馆为主题的读本绘本、教材书籍等尝试比较少，与大火的文创产品相比，博物馆教育读物远远没有形成气候，有着很大的提升和改善空间。

一、博物馆教育读物开发现状及存在问题

关于博物馆教育读物，目前没有规范的定义，一般指的是区别于文博专业图书之外的书籍，也称为博物馆衍生读物，是依托博物馆藏品和展览等形成的一种新型教育产品，主要指历史人文、文物故事、校本教材等类型的出版物，其形式有读本、绘本、手册、剧本、漫画等，旨在深入浅出地介绍古代经济、文化、思想、艺术、手工业等多方面

---

1. 中共中央办公厅、国务院办公厅印发《关于实施中华优秀传统文化传承发展工程的意见》，主要内容之一：围绕立德树人根本任务，遵循学生认知规律和教育教学规律，按照一体化、分学段、有序推进的原则，把中华优秀传统文化全方位融入思想道德教育、文化知识教育、艺术体育教育、社会实践教育各环节，贯穿于启蒙教育、基础教育、职业教育、高等教育、继续教育各领域。以幼儿、小学、中学教材为重点，构建中华文化课程和教材体系。

的内容，增进对中国历史及中华优秀传统文化的认知和热爱，注重培养思考、探索、动手能力；或用以更好地辅助教育活动开展，帮助参与者更迅速、更有针对性地实现趣味体验与知识学习的双重获取。

近几年，国内一些博物馆开始涉足博物馆教育读本，借助建筑、遗址、器物等物质形态的载体，鲜活生动地展现文物、古人的生活和历史事件，实现让文物说话、让历史说话，出现了一批优秀作品（表1）。比如《谜宫·如意琳琅图籍》《哇，故宫的二十四节气》等市场口碑极佳，高居畅销书排行榜，吸引一批小读者带书进故宫打卡[2]；上海博物馆推出的《乐游陶瓷国》原创文物游戏绘本，不仅包含了故事和知识点，更有全套陶瓷海运棋，让人看了大呼过瘾……

而实际上，博物馆教育读物开发存在着发展不平衡和不充分的问

2. 许旸：《出一本活一本？博物馆衍生读物凭什么爆款》，《文汇报》2019年3月21日。

表1 近年来出版的博物馆教育读本一览表

书名	出版时间	编著单位/个人	主要内容及特点
《绕着地球跑一圈——博物馆之旅》	2019年4月	王军	将艺术博物馆、军事博物馆、自然博物馆、历史博物馆、科技博物馆、趣味博物馆整合为一本精美的图书。用孩子容易理解的语言、直观的图片描述博物馆的建筑特色、内部结构以及建造历史和藏品
《哇，故宫的二十四节气》	2019年3月	故宫博物院宣传教育部	用手绘方式以二十四节气为线索串起国内古建筑、文物和历史的各个知识，是普及古代书画器物的现象级日历书
《谜宫·如意琳琅图籍》	2018年11月	王志伟、徐奥林、陈振、李慧婷	首款互动解谜游戏书。30多个环环相扣的谜题任务，100多个知识点，每一处都有故宫历史文化的点点滴滴，讲述故宫的历史知识故事
《中国国家博物馆儿童历史百科绘本》（全5册）	2018年6月	中国国家博物馆	这套书从食物、家庭、交通的演变等五个儿童生活密切联系的主题入手，讲述了从石器时代到明清的专门史

续表

书名	出版时间	编著单位/个人	主要内容及特点
《如果文物会说话》	2018年1月	步雁	用第一人称的方式讲述来自陕西历史博物馆珍藏的101件国宝文物背后的故事
《乐游陶瓷国》	2017年9月	上海博物馆	根据馆藏陶瓷珍品，为儿童精心打造的原创文物游戏绘本，不仅拥有配套App应用，还配有贴纸、陶瓷海运棋等游戏，让孩子在边学边玩中了解陶瓷小知识，感受陶瓷的艺术魅力和中华文化，同时培养孩子手脑协调能力和创新思维
《博物馆里的中国》（全10册）	2015年9月	宋新潮、潘守永	以生动有趣的语言，介绍了博物馆的丰富藏品，呈现了一个多样而立体的中国

题，国家级的博物馆和一些优秀的省级博物馆拥有强大的创作开发能力，不断推出"网红图书"，而一些中小型博物馆能力较弱，出现了严重的两极分化现象，强者愈强，弱者愈弱[3]。另外，从出版的视角看，博物馆读物的质量及文化影响力与博物馆在文化领域的重要地位无法匹配，教育读物的创作开发面临着一系列难题。具体表现在以下三方面。

1. 文化需求未被充分满足，供给不到位

了解一个博物馆，不仅可以通过参观，还可以通过博物馆教育读物。如今，越来越多的年轻人，更满足于那些具有美好情怀，亲切感人的博物馆教育读物带来的沉浸式体验。博物馆读物作为最正宗浓厚的"中国风"代表，可长久保存、反复阅读，受众影响深远，是博物馆实现其教育使命的重要平台和手段。但是，很多博物馆由于各种主客观条件的限制，能力明显存在差距，因此读物出版量小，市场占比非常小，远远满足不了市场的庞大需求。另一方面，博物馆读物往往针对性不强，适合儿童的、生动活泼的博物馆读物少之又少，未能有效覆盖服务全年龄段，不同群体和不同层次的阅读需求满足。

---

3. 牛泽坤、王壮：《博物馆图书出版的现状及发展策略探析——以中国国家博物馆为例》，《出版广角》2018（6）。

2. 地域文化彰显不足，博物馆元素单一

地域文化，简言之，就是在一定地理区域内，人们在长期历史过程中所感知并认同、独具特色、至今仍然发挥重要作用的各种文化现象[4]。我国幅员辽阔，历史悠久，各个地域形成了不同特色的地域文化。博物馆作为地域文化的载体，所创作的教育读本应尽可能地凸显地域形象，在地域文化体系的建设中发挥积极作用。很多博物馆跟风推出了教育读物，同质化现象严重，品质堪忧，或是博物馆元素的简单拼贴，或是传统故事的改编和历史知识"大杂烩"，或是把文物和历史故事简单嫁接，没有从古人的生活剪影中筛选出民众熟悉的话题，没有从地域文化中提炼出本土概念，没有讲好本土故事，当然也难以在出版市场拥有一席之地。

3. 叙事结构陈旧化，说教意味浓厚

当前博物馆出版图书多聚焦于成人群体，对儿童群体则关注不够，或者书籍内容与儿童匹配度不佳，显得比较生硬。比如读本绘本类的儿童使用者居多，他们的认知具有直观、具体和形象的特征；很多读物在叙事逻辑上以历史年代为序，这种成人化的视角，以知识作为起点的叙事方式给人以干巴巴的感觉，看似在讲故事，但其中掺杂着艰深的历史概念、复杂的文物信息等，没有建立知识和生活的链接，抽象难懂；有的读物未对传统文化进行现代化的提炼和改造，缺少时代内涵和有效表达，厚古薄今；有的读物没有尊重儿童的兴趣与诉求，忽略儿童理解世界的差异与特点，无法引起儿童共鸣。

二、《博物东海——舟山博物馆文物故事读本》的开发与实践

在国家大力倡导弘扬优秀传统文化的背景和"让文物活起来"热潮的激励下，舟山博物馆深度挖掘馆藏资源的内涵和文化底蕴，全新打造"纸上博物馆"，设计开发故事读本，策划"文物阅读课"，把舟山的历史、舟山人的精神、舟山人的风俗……这些舟山"基因"以一种自然无痕的方式融入其中，打造"无边界博物馆教育体系"。

---

4. 陈理娟、何川：《浅谈博物馆教育活动的地域文化彰显——以秦始皇帝陵博物院为例》，《文博》2018（4）。

1. 深挖海洋文化内涵，构建整体框架脉络

舟山群岛虽长期孤悬海外，其地域文化和中国海洋文化既有同又有异。舟山依海为生，依海而兴，靠海生存，其文化在中国海洋文化中独具特色，正因如此，舟山海洋文化成为中国海洋文化中不可缺少的一抹异色。深挖海洋文化内涵，讲好舟山海洋文化故事，可以说是舟山博物馆教育的正确"打开方式"，《博物东海——舟山博物馆文物故事读本》（以下简称《博物东海》）成长记，是舟山博物馆构建地域性文化的脉络轨迹。

（1）《博物东海》的萌芽——"纸上博物馆"。为了吸引新的观众，建立并加强与新观众的联系，博物馆必须找到诠释和呈现自己馆藏资源的新途径。2018年1月，舟山博物馆和《舟山晚报》联合打造了"纸上博物馆"栏目。目的是借助舟山博物馆丰富的藏品、具有特色的陈列展览，以及《舟山晚报》强大的发行量和影响力，来进一步传播舟山的海洋文化。由于这一栏目的受众主要是普通市民，所以"纸上博物馆"栏目的文章注重通俗性和普及性，努力做到在保证学术严谨性的前提下，将历史文博知识，转换为轻松可读的小文章，配上一幅幅精美的文物图片，打破了一般市民与文物之间的隔膜。"纸上博物馆"栏目设立以来，已发表文章近百篇，博物馆里的文物故事走进千家万户，在读者中建立了良好的口碑，很多读者定期阅读甚至收藏"纸上博物馆"的文章，许多文章被舟山网、大海网、中国海洋文化在线等相关媒体转载。

（2）《博物东海》的诞生——**正式编撰出版**。2019年12月，在"纸上博物馆"基础上，精选了20余件最具有代表性的馆藏珍品，编撰完

◎ 和《舟山晚报》联合打造的「纸上博物馆」栏目

◎《博物东海》封面

成《博物东海》。这是一本写给小朋友的图文并茂的读物，以故事的形式通过海岛先民、海丝遗踪、海疆烽火、海错趣闻、海上藏珍五个单元的不同内容描绘出一幅东海博物画卷。针对小朋友的知识层次和理解能力，对书中的文字和图片进行了精心设计和巧妙构思，通过碎片化、多点链接等手法简化和分解，结合深入浅出的叙述，力求文字和插图"活"起来，让文物如一个个精灵般地站在小朋友面前，告诉小朋友博物馆里有知识，有文化，有过去、现在和未来，由此展开一次快乐的"文博之旅"。

(3)《博物东海》的跨界——"文物阅读课"。还有什么新奇有趣的打开方式？舟山博物馆又主动完成了一次空间上的"跨越"与"融合"，成功策划"文物阅读课"。课程借鉴了加拿大科技博物馆的理念，把博物馆中最重要的"物"提供给课程参与者，引导他们针对藏品（复制品）进行亲密接触，上手观察，仔细研究。比如，结合《博物东海》中"远航日本的唐船与舟山"，开设"从这里出发——海上丝绸之路的文化延伸"阅读课，层层把关前期策划、教案设置、文物调取、教具采购等所有环节，让学生"阅读"日本江户时期绘画《唐船之图》、馆藏唐船模型、海捞瓷等藏品，在与文物零距离接触中，读懂文物最真实的过去，倾听他们背后的精彩故事。

《博物东海》目录

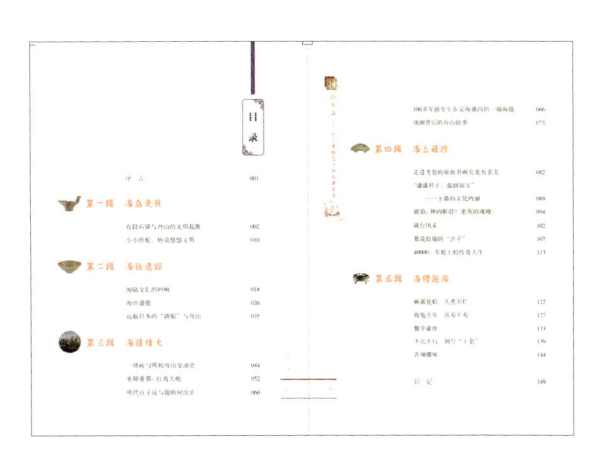

2. 凝练地域文化特征，讲好海洋文化故事

如何体现博物馆的地域文化？原故宫博物院院长单霁翔指出："博物馆应将传统文化、民族文化、地域文化融入博物馆文化之中，教育于观众，使观众产生积极的影响，尤其是对青少年观众。"大同市博物馆馆长王利民指出："博物馆依托地域文化完善教育功能，地域文化依赖博物馆得以广泛传播。"《博物东海》从博物馆承载的海洋文化出发，进一步审视馆藏资源，依托遗址器物、渔业工具、渔风民俗等文化元素，提炼本土概念，凝聚文化情感，打造地域文化的精神家园，充分塑造了舟山人的"文化自信"。

比如，距今5000余年的新石器时代，在舟山本岛，在岱山，乃至嵊泗这些相对遥远的小岛上都已经发现了原始聚落遗址。这些舟山先民从何而来？《舟山先民是渡海而来吗》一文中，作者结合馆藏的"有段石锛"以及其他考古资料给出了合理的推测。又如，三国两晋南北朝时期，舟山在史籍中鲜少出现，似乎是被遗忘的角落，而《海东偏州也有鐎斗煮茗茶：从一件小小铜鐎斗窥见舟山文明史》一文，通过舟山博物馆里展出的一件南朝时期的铜鐎斗（从出土器物组合及铜鐎斗的分布演变来看，铜鐎斗很可能是古人煮茶所用）以及其他文物证明当时的舟山人也有煮茶品茗的风雅爱好，作者由此得出结论："大海并没有隔绝大陆和舟山的各种交流，作为海东偏州的舟山也并不是文明的荒漠，而是和大陆地区一样在历史的潮流中齐头并进。"再如，近代舟山由于其特殊的地理位置，饱经战火和硝烟，《一尊铁铸火炮牵扯出一艘沉舰》《画上是当年定海港湾的中国船》《100多年前那场水师与海军的对决》等文从铁炮、油画、船模等多方面展示了舟山在第一次鸦片战争中的地位。

此外，舟山群岛被大海包围，曾经的舟山人靠海吃饭，因而形成了一些特别的风俗。《博物东海》希望借助馆藏文物，向民众介绍这些风俗，唤起舟山人民的历史记忆。如《船神，渔民们心中的神灵》一文，就是借助馆藏的木雕妈祖像，向人们介绍了舟山的"船官老爷"信仰：木帆船时代，渔民们在海上的劳作想要获得回报几乎全凭天气及船老大的经验，具有很大的偶然性。海上的情况又变幻莫测，渔民们在海上的生活因此危机四伏。为了祈求风调雨顺、获得大丰收，渔民们请来了各路神灵，安设在船上祭拜，这些上船的神灵就被称为"船神"，或者"船菩萨"，又因为这些神灵专管船上平安，也被渔民尊称为"船官老爷"。

小小的文物凝聚着舟山人民的历史记忆，传递着舟山人民与海洋共融发展的传奇故事。

3. 多元协同趣味创意，让传统的教育读本鲜活起来

博物馆教育读物的特点是用图画和文字共同叙述故事，语言文字推动故事发展，图画用美感来补充叙事，两个层面交织互动、和谐共融，实现读本的艺术吸引力。如何让读本将文物欣赏、历史知识和传统文化的普及融为一体？重要的一点就是创作时坚持"读者本位"[5]，贴近读者生活主题，用通俗生动的语言讲述专业的知识，以多元的趣味创意赋予读物新内容，充分利用图文结合展现文物跨越时空的魅力。

《博物东海》的读者定位是儿童阅读、亲子阅读，因此创作时主动降低知识难度，用通俗生动的语言讲述专业的知识，把复杂的内容通过画面还原，营造出一个真实的情景，更好地架构起历史和现实的关系，同时采用短句，达到简洁明快、节奏感强的阅读感受。例如，《海丝遗瓷》一文中，撰写海上贸易的场景时，勾勒了一个有时间、地点、人物、事件的故事场景："宋时，舟山海域，一条商船正在航行，这

5. 赵菁：《博物馆元素融入儿童绘本创作方法研究》，《中国博物馆》2019（4）。

◎ 《博物东海》"极简文博课"内图片

是一艘来自福建的商船，在普陀山停泊了数日，祭拜观音祈求航行安全，同时补充淡水和食物。之后它又继续扬帆出发前往目的地——日本。突然，在船头瞭望的水手，发现前方有好多黑影在海中浮浮沉沉，'是人！快，快救人！……'"配上日本《华严缘起绘卷》中描绘的风浪中航行的海船，画面清晰，配色鲜明，与文字描写相映成趣。

同时，为增加阅读的神秘感和互动感，《博物东海》采用了丰富多彩的形式，符合儿童阅读的特性。在《博物东海》导览部分，设计了一个海岛小姑娘的卡通形象为文博小使者，以童心与童趣开启文博故事之旅；文章的标题大多采用问句形式引发孩子天生的好奇心和阅读兴趣——"舟山先民是从隔海相望的大陆渡海而来吗？""走进考卷的扇面书画究竟有多美？""琥珀：神的眼泪？老虎的魂魄？"；在每一篇小故事后面，加入"极简文博课"等互动环节，通过博物馆小小的物件衍生"古物与古人""古物与时代""古物与今物""古物与我"等之间的对话。作为亲子读物，也希望把故事读本的作用运用到家庭教育中，让家长陪孩子一起阅读，获得更多的情感共鸣，给孩子的童年留下美好的瞬间。

4. 加强合作联动，助力海洋文化走出去战略

近年来，各大博物馆不断挖掘"超级 IP"的商业价值，跳出"文博圈"，积极寻求与高校、专业研究机构、出版社等其他行业机构的合作，提高自身的研究水平与创作出版能力，满足社会人群向先人学习、向历史借鉴的兴趣与好奇心。当前，舟山博物馆已经有了一些跨界合作的尝试和创新，比如，以"海洋文化+"的形式，深化和整合研究力量，结合市场机制，以合作联动形式做好博物馆优质出版物的输出。同时，在"文化走出去"和"一带一路"倡议的双重助推下，采用"博物馆+新媒体"，将博物馆的区域文化故事汇入中国话语体系，进一步向世界展示舟山海洋文化的醇厚魅力。另外，积极探索"博物馆合纵与连横"，创新文旅融合组织模式，协商创建"舟甬互助共享机制"，加强"长三角协作"等地域联动，探讨更深层次的融合发展。

博物馆作为一所大学校，作为中华民族优秀传统文化的主阵营，在喧嚣的时代重新把目光投入到最简单也最丰富，最质朴也最深刻的文字世界，就是要扛起这样的一面文化大旗。传承和创新舟山海洋文化，将隐藏在舟山文物中的"舟山海洋文化"发掘出来并广泛传播，这不仅仅是"海洋文化"建设的需要，同时也是新时代的舟山博物馆人为实现中华民族伟大复兴的中国梦所必须付出的努力。

结 语

博物馆教育读物拥有得天独厚的优势，具有强大的社会公信力与权威性，还有着广泛的读者基础。只要博物馆凝心聚力，深度挖掘馆藏资源，顺应人民群众对美好生活的新期待、新需求，就一定能够源源不断地创作出版优秀的博物馆教育读物，为我国文旅融合发展作出积极贡献。

数字技术影响下中小博物馆教育传播的跨界呈现

　　数字技术的发展正在加剧博物馆教育传播的困境，面对突破边界、时空复用的新媒介形态，中小博物馆如何把握教育传播的核心与初心，创造性地利用数字技术，实现受众联结与跨界呈现？以舟山博物馆"文博少年探秘系列"为例，通过对馆藏数字资源进行信息重组、主题提炼、情景再现等，以传播心理学为指导，积极探索构建文化共享、受众联结、情感共鸣、跨界融合的教育传播体系，以文化和艺术的力量传递慰藉，助力社区带来积极变化的潜力。

博物馆是重要的社会教育文化场所与载体，在教育传播中有着不可替代的重要价值与意义。新技术时代，博物馆教育传播利用大数据、人工智能、虚拟现实（VR）等新兴技术，促进数字资源的传播延伸与跨界融合，这既是传承传播中华优秀传统文化，深刻融入共同富裕建设大局的需要，也是科技赋能文化新业态，实现"要让收藏在博物馆里的文物，陈列在广阔大地上的遗产、书写在古籍里的文字都活起来"的重大战略需求[1]。然而目前，博物馆教育传播存在着严重的两极分化现象，大型博物馆不断推出"网红"产品，破圈出局、引发热潮，成为社会上的"显学"和网络上的顶流，而占据我国博物馆数量主体的中小型博物馆，其教育传播在数字化时代因为各种掣肘陷于困境，亟待"爬坡过坎"，寻找突围之路。

一、数字技术，博物馆教育传播的挑战与机遇

博物馆教育传播与媒介发展密切相关，随着新技术、新平台与新业态的迅猛发展与快速崛起，博物馆教育传播模式正悄然改变，并呈现出数字化、智慧化、多元化的特点，给传统教育传播带来了严峻的挑战和深刻的影响。

根据国家文物局公布的数据，截至2021年底，全国备案博物馆6183家，全国2800多个县市区，几乎每个县市区都拥有一家或数家博物馆，而这其中大部分都是各种类型的中小博物馆，数量几乎占到博物馆总量的60%以上[2]。中小博物馆作为我国博物馆事业的前沿阵地和重要成员，担负着博物馆教育繁荣的重大责任与使命。而数字技术时代的发展加剧了博物馆教育传播的困境，突如其来的疫情使这些问题更为突出。与大型博物馆欣欣向荣的现状不同，中小博物馆教育传播在变与不变、质与量、人员与经费的矛盾与困境中徘徊。主要如下：

1. 教育传播的变与不变。教育传播是由教育者按照一定的目的要求，选定合适的信息内容，通过有效的媒体通道，把知识、技能、思想、观念等传送给特定的教育对象的一种活动，是教育者和受教育者之间的信息交流活动[3]。新技术下，教育传播发生了什么变化？相对于传统媒体，从技术的角度讲，传播方式、接受方式、内容创作都发生了变化，

---

1. 刘玉珠：《我国博物馆发展概况、问题及任务》，搜狐网 https://www.sohu.com/a/298070186_120029064。

2. 叶其跃、李飞群：《中小型博物馆文创产品开发困境和发展对策》，《浙江海洋学院学报（人文科学版）》，2019（5）。

3. 马启龙：《教育传播的类型、定义及要素论析》，《文化与传播》，2018（7）。

4.《百年天博》,《博物院》,2018（3）。

5. 叶其跃、李飞群：《中小型博物馆文创产品开发困境和发展对策》,《浙江海洋学院学报（人文科学版）》,2019（5）。

传播主体的地位被调整，信息的互动变得更多元。但"阐明文化、发扬国光，以辅助学校教育、社会教育之不逮"的博物馆教育理念不会改变[4]。大多数中小博物馆线上教育是疫情期间一种被动的选择，方式基本是线下讲解的视频录播，或者是线下教育活动的复制，属于孪生型传播，平淡无奇，没有变化。如何在变与不变中破局前行？如何透过"云"模式深挖"云"潜能，扎根传统文化，坚持深耕细作，构建"开放融入、多元融合、统整融汇"的博物馆传播体系，是当前中小博物馆必须研究的重要课题。

2. 教育传播的质与量。在数字化驱动引擎下，很多博物馆与时俱进，积极寻求教育传播新方式，将教育传播与数字技术的使用优势相结合，涌现出很多教育传播的经典案例。如通过微博、微信、抖音、小红书、知乎等新媒体新平台站上风口，通过@点名，引领热搜话题，拉近与观众的距离，带来持续影响力；开展网络主题直播、云展览等，吸引观众在云端相会；打造虚拟现实剧、建立移动App应用场景，以艺术化的教育形式和用户喜爱的沉浸式体验，收获用户好评。但值得注意的是，国家级、省级大型博物馆的教育传播形式多样，内容丰富，风格成熟，舆情管理稳健，影响力巨大，实现了与不同媒体形态的跨界融合，萌发出新的生机与活力。然而，其背后所投入的大量资源与人才力量是很多中小博物馆难以企及的，现实中数量众多的中小博物馆的教育传播由于资金不足、文物研究能力薄弱、传播阐释水平低下等条件制约，传播质量低于社会发展，难以满足公众教育需求。尤其是对青少年一代的吸引力较弱、灵活性不足、情感认同不强，当然也难以在教育传播领域拥有一席之地，传播的质与量亟待提升。

3. 教育传播的人才与经费。受编制影响和历史原因影响，人才短缺、经费有限是许多中小博物馆面临的共性问题。在有限的文博专业人才中，既懂专业又懂运行管理和产业经营的人才更是凤毛麟角，无论是组建数字化教育传播团队，还是新媒体运营团队，都是举步维艰[5]。高质量发展博物馆数字化教育传播，需要更多的文博、教育、传播、技术等复合型人才或者多种学科背景团队的协作，以及积极有力的财政政策支持，否则难以为继。目前绝大多数中小博物馆的经费主要来源于财政拨款，基本上没有多少社会资金的捐助，这些经费仅能解决博物馆日

常运营。而教育传播中，藏品数字化采集、传播平台的搭建与运营、传播品牌的孵化等都需要大量经费，对于许多中小博物馆来说难以承受，导致许多中小博物馆对于线上教育传播感到心有余而力不足[6]。

二、中小博物馆教育传播媒介联动的发展方向

1. 机遇"让文物活起来"。党的十八大以来，党中央高度重视文博工作。2020年9月28日，中央政治局第二十三次集体学习时，习近平总书记指出，"我们要加强考古工作和历史研究，让收藏在博物馆里的文物、陈列在广阔大地上的遗产、书写在古籍里的文字都活起来……"[7]；2021年11月24日，中央全面深化改革委员会第二十二次会议审议通过了《关于让文物活起来、扩大中华文化国际影响力的实施意见》，强调"要加强文物保护利用和文化遗产保护传承，提高文物研究阐释和展示传播水平，让文物真正活起来，成为加强社会主义精神文明建设的深厚滋养，成为扩大中华文化国际影响力的重要名片"[8]……一系列重要指示和决议，反映了国家对文博工作的支持力度持续加大，彰显了文博工作在党和国家事业大局中的重要地位和作用。博物馆要抢抓当前机遇和大量实践成果，主动作为，用好博物馆这个民族文化基因的宝库，创新文物价值的挖掘阐释和传播，赋文物以生命，让历史"发声"，让文物"说话"。

2. 技术赋能美好教育。美国心理学家马斯洛在著作《人类激励理论》中提出，人们需要动力实现某些需要，有些需求优先于其他需求[9]。根据马斯洛需要层次论，我们或许可以把博物馆教育描绘成安全、自由、温暖、力量、美好五个层次。以科技赋能打造美好教育，用美好教育点亮美好生活，这是博物馆教育的时代命题。一方面，将文物塑形铸魂，深入挖掘文物本身及所属历史阶段的故事，准确提炼并展示中华优秀传统文化的精神标识，用生动鲜活的故事、喜闻乐见的大众话语，把握文物价值，释放文物力量；另一方面，以新的视角和思路，充分利用生动化、生活化、社交化的创新手段和平台优势，扩大传播领域，放大内容优势，去诠释呈现更生动、更权威、更专业的地方；同时利用人工智能技术，分析受众偏好和态度趋向，进行内容用户数据的智

---

6. 叶其跃、李飞群：《中小型博物馆文创产品开发困境和发展对策》，《浙江海洋学院学报（人文科学版）》，2019（5）。

7. 新华社：《习近平主持中央政治局第二十三次集体学习并讲话》，2020年9月28日。

8. 《瞭望·治国理政纪事．陕西践行让文物活起来》．2022年4月16日中工网，http://www.workercn.cn/34196/202204/16/220416140310598.shtml。

9. 杨明洁：《基于大学生心理行为需求的济南大学社团活动中心设计研究》，济南大学硕士学位论文，2021。

能匹配，实现精准化对接推送，达到最有效的传播效果，使文物更主动更贴心地融入生活、服务人民，让每一民众享受到平等、温暖、力量与美好。

3. 合作实现文化共享。 数字技术与人类生产生活深度融合，极大地拓展了人们的生活空间与艺术空间。依托尖端的数字科技，营造开放包容的发展环境，通过区域协同创新、社会参与、跨界合作、互联网传播等方式，促进资源要素有序流动，优化资源配置，多措并举，盘活博物馆资源[10]。如实施"博物馆教育+"战略，促进博物馆教育与传媒、科技、旅游、设计、商业等跨界融合，有机串联各平台优势，通过搭建非线性的、多元双向交互通道，使传播者和目标受众形成互联空间，受众可以自主参与到传播渠道，形成一个实时、交互、共享的传播生态圈，在服务共享与受众联结中提升传播质效。打造文博界的"明星"效应，或联合知名、权威、流量等领域的代表"教育体验官"，以资源互补放大行业影响力，以专业正面的视角、权威的解读去呈现，产出视频、攻略、分享会等内容，让新兴艺术公共领域的连接受众，拉动共享博物馆教育"朋友圈"，实现跨媒介的增值效益。

三、跨界呈现，"文博少年探秘系列"的实践与探索

随着时代的发展，博物馆媒介化趋势越来越明显，传播和教育功能正在变得越来越重要，广大人民群众对优质公共文化产品的需求不断增长。2022年，舟山博物馆准确识变、科学应变、主动求变，打破传统教育宣传模式，充分利用"智慧传播""数字传播""跨界传播"等新媒体业态，通过藏品信息重组、主题提炼、情景再现等，加强多感官体验、情感体验、沉浸式体验，打造"文博少年探秘系列"教育传播品牌。

"文博少年探秘系列"以馆藏文物为核心，提取凝结在文物中的知识、技艺、文化、美感、记忆等要素，以"启智、博学、悟思、立德"为目标，培养少年儿童的人文素养、科学精神以及家国情怀。探秘系列主要针对8至14岁的孩子开展教育探秘活动，不但关注学习和成长，而且还追踪他们未来的发展。根据品牌设立的初衷和鲜明特色，开发《博

---

10. 中央宣传部、国家发展改革委、教育部、科技部、民政部、财政部、人力资源社会保障部、文化和旅游部：《国家文物局关于推进博物馆改革发展的指导意见》，2021年5月11日。

海行舟》电子教育期刊、"少年与海"教育频道、"古诗中的美好生活"教育课程三个系列，以全新的教育体验、形态与传播方式的转型，加速博物馆教育传播智慧化升级。

（一）信息重组，以技术提升构建文化共享

认知心理学认为，"感觉为人类提供了内外环境的信息，保证了机体与环境的信息平衡，是一切较高级、较复杂的认识活动的基础，也是人全部心理现象的基础"[11]。在教育传播中，感官体验的激发决定了认知体验和情感体验，通过设计不同的传播方式可以塑造不同的观众感觉。2018年，舟山博物馆和《舟山晚报》联合打造了"纸上博物馆"栏目。目的就是借助舟山博物馆丰富的藏品、具有特色的陈列展览，以及《舟山晚报》强大的发行量和影响力，来进一步传播舟山的海洋文化[12]。2022年，为更好地激发或加深观众更多种类的感官感受，制造丰富的感官体验，我馆对"纸上博物馆"讲述的100多篇文物故事，进行信息整理、重组加工、数字化采集等，逐步建立起文物故事数字资源库，并运用新兴技术让文物"动"起来、"智"起来。

1. 集"云博"之长，推出"纸上博物馆2.0"。"纸上博物馆2.0"用更现代感和趣味性的方式讲述文物背后的故事，在每个文物故事内容后附上二维码，读者扫一扫二维码便能收看每一期主题文物的动态视频、收听音频讲解。通过轻击图片，可放大、缩小、多角度观察文物的细节，让文物720°无死角转起来。相比原来的纸媒传播，新媒体

11. 彭聃龄：普通心理学，2012。

12. 李飞群：地域文化视野下博物馆教育读物的创作研究．博物院，2021。

技术带来更快更广的信息传播速度和容量的优势，更符合年轻人"随时随地观赏、随心随意分享"的传播欲，进一步激发了文物故事的热度、炫度、广度、深度。

2. 创新出刊《博海行舟》，打造新媒体读物。 为帮助读者更直观、更立体、更自由地共享文博故事，将文物故事、文博极简课、展览视频、文博资讯等内容进一步改编、整合、深化，制作电子月刊持续发力，再次传播。根据受众青少年的特征，采用了图文并茂、视频动画等形式，引导多感官体验互动。同时坚持精而不杂、趣味探秘、深度学习的阅读风格定位，力求将文物特色鲜明、受众喜闻乐见、社会反响良好的作品普及更多的人。电子月刊一经上线就深受广大读者的欢迎，成为内容丰富、文化体验优质的新媒体读物，取得了良好的社会反响。

（二）全新视角，以应用场景推动受众连结

数字化时代，博物馆已经成为创新的乐园，依托新技术和智能设备的融媒体平台逐渐成为教育传播的新宠。博物馆教育传播的数字化创新让博物馆更容易与观众生活深度融合，使博物馆、观众和语境的关联进一步超越场馆与实体的传播，实现"身临其境"般的沉浸式体验。

2022年，舟山博物馆转向观众视角，关注青少年应用场景细分需求，与舟山晚报传媒、小记者团联合打造"少年与海"教育频道，制作沉浸式体验。节目以"少儿科普"与"历史揭秘"为看点，充分利用馆藏教育资源优势，以博物馆相关实景区域为讲述空间，以活泼可爱的"东海小鱼儿""鱼宝宝"为形象代言人，每一期将馆藏文物作为故事线索，激励少年儿童一起互动、探秘、体验、成长。

◎"少年与海"

在"少年与海"教育频道第二课"濒临灭绝到王者归来,大黄鱼是否流传不朽?"中,以聂璜绘制的《海错图》中的一首诗"海鱼石首,流传不朽,驰名中原,到处皆有"以及馆藏大黄鱼的矢耳石,揭开了东海传统渔业"四大海产"之首的大黄鱼的神秘面纱。并对近两年来大黄鱼东海种群终于重现生机,归来迹象显现,是否应该有序捕捞,向更广泛的公众开放了新兴话题。在这样一个充满实践气息的空中课堂,有萌娃引领、有动态表演、有阅读理解、有体验探究、有话题辩论……视觉、听觉、触觉的感受被极度放大,带来极强的沉浸感,让枯燥乏味的文化知识顿时鲜活起来,让儿童从最初的"博物馆尝鲜"逐步变成了学习生活中不可或缺的"博物馆意趣",这既是数字化背景下馆藏文物传播教育的创新表达,也为博物馆文化如何成为"社会核心文化的引领者、连接不同人群与文化观念的重要枢纽"提供了生动的教育教学案例。

(三)主题提炼,以内涵研究驱动质量升级

博物馆承载着源远流长、博大精深的中华文化,是保护和传承人类文明的重要殿堂,承担着实证阐释历史、引导价值取向、培育审美情趣的重大责任。让博物馆教育传播"热"起来、"火"起来,深挖馆藏资源的文化内涵和核心价值,提炼文化符号,赋予主题特色是关键。

2022年,舟山博物馆结合时代发展战略"浙江高质量发展建设共同富裕示范区""喜迎二十大"等,凝练打造年度教育主题"古诗中的美好生活——文博少年探秘系列"(见表1)。首先从《小学生必背70首古诗》中选取体现日常生活的四句耳熟能详的古诗作为四季的主旋律;其次从馆藏中挑选了古诗中蕴含的器物或元素。注重挑选体现主流价值观、有时代性的,被学生喜欢的文物,越有内涵、越有故事、越有启发性越好,器物研究得越透越好;最后把故事讲好讲出彩,利用学校课程"结构化模式"重组学习资源,以"数字传播""实物传播"等体验探究式学习方法,通过视频课程、网络夜谈、电子贺卡、云游踏春、音频故事等新媒体创意和知识点包装,形成"博物馆辨识度"的教育传播体系,实现"知识性+体验感"的融合。

表1 古诗中的美好生活——文博少年探秘系列

四季	古诗	文物及元素	传播点	教育传播形式
春	儿童散学归来早，忙趁东风放纸鸢。[13]	游春图、花鸟图	生机与喜悦	云游踏春、实景诵读、风筝制作、花笺纸刷印
夏	荷叶罗裙一色裁，芙蓉向脸两边开。[14]	服饰、纹饰	诗情与浪漫	视频课程、音频故事、纹饰数字界面、服饰设计
秋	银烛秋光冷画屏，轻罗小扇扑流萤。[15]	扇面、屏风	团圆与美好	视频课程、传统服饰展演、团扇制作、七夕电子贺卡
冬	绿蚁新醅酒，红泥小火炉。[16]	手炉、酒器	温暖与友情	围炉夜谈、主题参与夜谈话题、年画送祝福

（四）情感共鸣，以博物馆的力量助力美好生活

博物馆肩负着见证时代、保存记忆的使命，在文化展示与传播、聚集与吸引等方面扮演着至关重要的角色。数字技术下，保持与当代社会的相关性，以更亲民的姿态，引发社会情感共鸣，增加受众黏度，参与社区建设的力量，是博物馆教育传播的重要途径。现代情感心理学表明，情感是人对客观事物是否满足自己的需要而产生的态度体验[17]，在教育传播的互动中，观众的情感在主观判断和自动反应中具有重要作用，能影响人的学习和理解。

新冠疫情期间，舟山博物馆与广播电台、大舟山网络、晚报传媒等平台合作，与社区联合，开辟融媒体矩阵，探索内容新供给新业态，推出"耳朵里的博物馆——博物馆里的吉祥文物""纸上博物馆——祈福辟邪，吉祥有物""舟博直通车——抗疫物证征集""云上博物馆——吉祥文物展"等，利用语音、视频、图片、在线直播等进行数字化技术重构和场景再现体验，创造了一种与公众对话的全渠道传播，

13. 高鼎：《村居》，清代。

14. 王昌龄：《采莲曲》，唐代。

15. 杜牧：《秋夕》，唐代。

16. 白居易：《问刘十九》，唐代。

17. 林崇德：《心理学大辞典》，上海教育出版社，2003。

转化为公众看得见、摸得着，生活化、多样化、立体化的个人体验，达到从认知认同到情感认同，从情感认同到价值认同的转化。既为疫情阴霾下的人们送上一份博物馆暖心的祝福与祝愿、关爱与温暖，也为海岛民众抗击疫情收集相关物证，为众志成城抗击疫情贡献了一份博物馆的力量。

又如，2021年适逢舟山通电百年之际，舟山博物馆联合舟山电力公司举办了"电舞百年，世纪追光——纪念舟山有电100周年特展"，开设"点亮舟山——电力老物件背后的故事"专栏，征集"星星之火——电力老物件""我的微心愿微祝福"等教育传播活动，取得了巨大的成功。因为光电对舟山海岛居民来讲，是曾经的"奢侈品"，是对生活的美好期盼。运用情感的力量，将观众的生活记忆与文物内部潜藏的重要意义和价值信息连接起来，由表及里，触达内心，从而打动人，使人产生认同和共鸣。博物馆文化传播与情感传达多元融合的文化力量，也由此成为展示城市软实力、城市品质和企业文化的主阵地，担起博物馆"为社会和社会发展服务"的价值与使命。

结　语

数字技术正以前所未有的力度重塑着博物馆在当代社会教育传播中的形态，只要中小博物馆立足教育宗旨，抢抓时代机遇，深入挖掘文物资源精神内涵，推动多元合作体系构建，关注民众人性化需求，一定能让博物馆教育变得温暖有力量，更好地满足人民群众对美好教育的期盼。

参考文献：
1. 包晗雨，傅翼．试论体验时代基于新媒体技术的博物馆交互展示．中国博物馆，2021（4）．
2. 张雪嫣．新时代博物馆社交教育及传播工作的思考．出版广角，2021（13）．
3. 骆晓红．智慧博物馆的发展路径探析．东南文化，2016（6）．
4. 吴征．试论智慧文博时代的文化传播力创新．博物院，2018（1）．
5. 李尽沙．数字技术影响下博物馆社会角色转型——文化共享与跨界呈现．中国博物馆，2021（2）．
6. 叶其跃、李飞群．中小型博物馆文创产品开发困境和发展对策．浙江海洋学院学报（人文科学版），2019（5）．
7. 瞭望·治国理政纪事．陕西践行让文物活起来．2022年4月16日．

儿童在博物馆中的
角色分析及其实现

　　博物馆是征集、典藏、陈列和研究代表自然和人类文化遗产的实物的场所。博物馆展品的实物性、直观性、现场感和教育手段的非强制性正适合儿童的学习特点，对儿童的教育具有不可替代的作用。但事实上，传统博物馆常常忽视儿童观众，所展览内容、展品高度和展示手段，主要依照成人标准，儿童教育尚处于改善与待发展阶段。如何让儿童更加受益于博物馆？博物馆如何更好地服务于儿童？对博物馆的社会角色演变以及博物馆儿童教育现状进行分析，从博物馆应该为儿童做些什么、儿童可以为博物馆做些什么、让博物馆的种子在儿童心中发芽等方面探讨博物馆儿童主角的教育实现，以期为博物馆的儿童教育建设和完善提供有益借鉴。

一、博物馆社会角色的演变

博物馆是什么？著名的德国文学家歌德（1746~1832）曾说："博物馆者，非古董者之墓地，乃活思想之育种场。"美国盲人女作家海伦·凯勒曾在她的著作《假如给我三天光明》中写道："我要把这一天用来对整个世界，从古到今做匆匆一瞥，我要看看人类走过的艰难曲折的道路，看看历代的兴衰和沧桑之变，这么多东西怎么能在一天内看完呢？当然，我只能参观博物馆。"街头巷尾的老百姓也许会说，博物馆就是宝藏和古物。不同的人因为文化背景和兴趣的不同，对博物馆的社会角色认识存在一定的差异。

事实上，从公元前3世纪在埃及亚历山大里亚港口城市建立的亚历山大博学园中的缪斯神庙到今天，博物馆的历史已有2000多年。关于博物馆的定义及其社会角色，一直处于演变发展的过程之中，伴随着博物馆的发展而不断地扩展。

1974年在哥本哈根召开的第十届国际博物馆协会大会上，给博物馆的定义在社会和公众对接上进行了外向型的延伸，"博物馆是一个不追求营利，为社会和社会发展服务的公开的永久性机构"[1]。1989年，定义修改为："博物馆是为社会和社会发展服务的非营利的常设性机构，并向大众开放。它为研究、教育、欣赏之目的征集、保护、研究、传播并展示人类及人类环境的见证物。"2004年，国际博协汉城大会上，再次调整了博物馆的定义[2]，将"非物质文化遗产"和符合博物馆其他标准的实体也纳入了博物馆范畴，博物馆从传统的收藏功能为中心转向利用收藏传播知识启发大众的行为。2007年，国际博物馆协会维也纳大会中对博物馆定义进行了新修订："博物馆是一个为社会及其发展服务的、向公众开放的非营利性常设机构，为教育、研究、欣赏的目的征集、保护、研究、传播并展出人类及人类环境的物质及非物质遗产。"新的定义首次将"教育"取代了研究而成为博物馆存在的首要目的；并且将博物馆工作对象的外延延伸到非物质遗产，即"物质及非物质遗产"，博物馆突破既定的、传统框架的趋向越来越明显，博物馆所肩负的社会角色和教育意义再次被加重与强调。

我国博物馆虽自有雏形至今不过100来年的时间，但随着经济社

1.1974年国际博物馆协会对博物馆的定义：博物馆是一个不追求营利，为社会和社会发展服务的公开的常设性机构，它把收集、保存、研究有关人类及其环境见证物当作自己的基本职责，以便展出，公之于众，提供学习、教育、欣赏的机构。

2.2004年国际博物馆协会对博物馆的定义：博物馆是为社会和社会发展服务的非营利的常设机构，对公众开放，为研究教育和欣赏目的，收藏、保护、研究、传播和陈列关于人类及人类环境的物质或非物质证据。

会的快速发展和人们认识的不断深入，我国博物馆的社会角色也在不断发生变化。从对"物"的守护，到对"人"的关注，再发展到今天致力于社会的可持续发展，博物馆作为教育者和文化中介，已融入和参与社会的变革和进步，在界定和实施可持续发展与实践方面起着越来越重要的作用，博物馆的社会教育角色也越来越受到广泛的关注，进而得到了国家层面的认可与支持。2015年3月2日，国务院颁布《博物馆条例》，把"教育"列为博物馆各项功能之首，并明确指出要"利用博物馆资源开展教育教学、社会实践活动"。把"教育"的功能置顶，更彰显博物馆所承担的社会角色：博物馆是一所学校，是一个知识补给站，是市民亲近历史与现代文明的课堂。在当代公共博物馆的发展进入百花齐放、变革发展的重要时期，博物馆的社会角色既面临巨大机会，又面临严峻的挑战。

二、博物馆的儿童教育现状

随着博物馆社会教育角色的演变，儿童逐渐成为最大的受益者，博物馆开始探索如何发挥儿童教育功能。1881年，柏林国立工业博物馆为学生提供实物标本，由此开启了博物馆为学校服务的先河。19世纪，美国博物馆的儿童教育得到普遍重视，真正实现以儿童为中心，向儿童开展非正规的儿童教育；儿童教育的视听设备和表现手段全面改观，教育功能从临时性向常规化转变；儿童教育项目向整个家庭、幼儿园、社区等外部空间拓展，儿童教育达到了黄金时代，也由此诞生了世界上第一座儿童博物馆——布鲁克林儿童博物馆。"以儿童为中心，鼓励动手触摸""纯粹的娱乐是儿童博物馆的学习方式"等服务理念受到社会的欢迎和认同。之后"儿童博物馆运动之父"迈克尔·史波克（Michael Spock）（1963）提出了"交互式"展览的理念，主张将藏品直观生动地展现给儿童，让儿童在与实物的互动中获得知识。儿童服务理念的推陈出新，使儿童博物馆数量激增。2007年，全球共有儿童博物馆283所，其中美国有260所，约占总数的92%。目前全球已拥有400多座儿童博物馆，年参观人数已达到了5000多万，且呈现不断增长的趋势。

在美国，不管是儿童博物馆，还是其他博物馆，儿童已然是博物馆的主角。从草坪、花园，到每一间展室，遍地都是儿童，到处都有儿童的身影。或成群结队，或老师带领，多数情况下，孩子们进去便席地而坐，听讲，宛如上课，一待就是大半天。在日本和韩国，各种博物馆是对儿童进行教育活动重要的场所，不仅各种容易激发兴趣的自然类、动物类博物馆，而且像"智慧城市体验中心"这样专业的场馆，也是儿童经常光顾的地方。

相比之下，我国不管是儿童博物馆，还是博物馆的儿童教育都发展缓慢。上海儿童博物馆作为国内第一家儿童博物馆出现于20世纪90年代中期。目前国内公立儿童博物馆也仅有北京的中国妇女儿童博物馆、上海宋庆龄儿童博物馆等寥寥几家，北京、上海等大城市虽有一定数量的私立儿童博物馆，但相对于我国3亿儿童，全国6000多家博物馆的总数而言，儿童博物馆的比例依旧过低。同时我国博物馆的儿童教育也处于改善与待发展阶段，博物馆内展览内容、展品的高度和展示手段，主要依照成人标准，不适用于儿童；展览侧重于科学、历史知识的教育，儿童可动手操作的项目较少，对儿童的天性重视不够；为儿童量身定做的教育活动虽在逐年增长，但仍不多。

西方一些国家的儿童，他们从小就"长"在博物馆，在博物馆里"泡"大的，我们国家的儿童，即使是在北京这样的大城市，去博物馆的次数仍然很少。近期有统计表明，我国少年儿童平均每年走进博物馆的次数仅为0.15，也就是说，10个少年儿童中，每年进一次博物馆的还不到2个人。就算偶然去一次博物馆，如春游或者秋游，进门之后，狂奔五分钟，转一圈，算是参观了，不听讲解，又叫又跳，快活得不得了，抑或是"排队进去，排队出来"的"走过场"，兴致盎然进馆、懵懵懂懂观展、迷迷糊糊离场。

三、儿童主角的教育实现

（一）博物馆应该为儿童做些什么

博物馆中无数的经典艺术典藏，展品的实物性、直观性、现场感和教育手段的非强制性正适合儿童的学习特点，对儿童的教育具有不可替代的作用。面对儿童，博物馆应该从高高在上的位置下来，做一个谦逊的朋友，做一个没有围墙的园地。告诉儿童，你们就是博物馆的主角，你们希望博物馆为你们做点什么。博物馆只有触及儿童的内心世界，融入儿童成长的过程，与儿童形成一个良好互动的关系，才能真正推动和促进博物馆儿童教育发展。

1. 讲述文物背后故事，分享博物馆的秘密

在儿童眼里，博物馆有许许多多不为人知的秘密，使他们充满新奇和幻想。让儿童走进博物馆，接近博物馆文物、博物馆的研究，让儿童也感受到他们和博物馆的主人一样，对馆藏文物有同样的知情权。比如说为儿童设置库房开放日，让儿童知道博物馆里到底有多少宝贝，宝贝后面还藏着什么秘密的东西。这种神秘感并不仅仅来源于藏在后面库房的东西，更来源于隐含在文物背后的故事。一件文物是不是发掘出土的时候就是现在在展厅的样子，难道它一出土就这么漂亮这么干净吗，还是洗过了、擦过了、装饰过了，或者做了别的什么工作；文物从发掘到展览又是怎样的过程……穿过时空的阻隔，揭开尘封的历史，探寻背后的故事，这些背后的故事会让儿童觉得特别新鲜有趣，极具刺激和挑战性。

◎ 做元宵

◎ 博物馆寻宝

2. 推出体验式项目，感受互动探索的快乐

让儿童从小在博物馆听课、实践，这是博物馆的职责所在。长期固定的展览由于相对稳定，无法长久满足儿童好奇、求异的心理需求，因此可以根据博物馆自身资源，运用尽可能丰富的手段，丰富儿童的感官体验及思维认同，推出一些儿童体验式项目，并发展演变成博物馆的常规教育内容，不断创新求变，由此推出具有本土特色的品牌体

◎ 元宵花灯DIY

◎ 布艺制作

◎ 鱼拓技艺

验项目。如"长大做个考古学家",给儿童发放工作牌,放心大胆地让他们与古迹亲密接触,进行一番寻宝探秘;"巧手坊"里让儿童在工作台上敲敲打打,粘粘泥塑,做做砖雕,任意发挥,独辟蹊径,自成一派;"海的味道"主题探索活动中,通过画渔民画、做贝雕、拼船模、织渔网、打绳结、唱渔歌等互动项目,使儿童感受浓郁的海洋文化特色及独具韵味的民俗民风。总之,让儿童多多动手、多多体验,引出好奇心,创造互动性。同时在这些互动游戏过程中,尊重儿童或美妙或艰辛的体验过程,千万不要因为儿童性格羞涩或是感觉迟缓而忽视他们,应热情地鼓励儿童动手操作,得到接触实物和参与活动的机会,哪怕是对沉默寡言的儿童,也应尽可能地鼓励甚至用夸张的身体语言来表达博物馆对他们的欢迎和认可,积极发现并发展儿童的潜能,让他们在无拘无束、无比轻松的环境中,享受互动探索的快乐,从而发现和发展自我。

3. 模仿设计开发,实现把博物馆带回家

儿童阶段是人生模仿性最强、想象力最丰富、可塑性最高的时期,如果让儿童接触实物、实际操作,并经过观察、联想和创作一系列过程,儿童的学习情绪就会特别高,专注的时间特别久。比如在博物馆

◎ 我的"博物馆"创作

文创萌物的设计中邀请儿童参与，并提供专业的引导与指导，儿童天马行空的想象力，一定能突破传统纪念品的千篇一律、严肃端庄，呈现趣味和惊喜。"我的文创萌物"不仅可以唤起儿童重回博物馆的热情，也可作为一个特殊的文化符号，提醒儿童重温、领悟博物馆"物"所承载的精神内容；或让儿童设计"我的博物馆"，儿童对场景的记忆、对生活的感悟、对未来的想象，也许会演变成小朋友和家庭的聚会，甚至儿童让自己进入到作品中，成为创造世界的主人，展现出他们心中灿烂无邪的视觉图景。对儿童而言，隐藏的艺术天分被激活了以后，不论他将来从事何种工作，都会变成一个善于创造、孜孜不倦、大胆、自我表现力很强的人，同时模仿设计开发活动也会唤醒儿童对博物馆的感情，让博物馆及馆藏品真正走入生活，实现文物与生活的关联。

4. 拓展教育空间，从馆舍天地走向大千世界

优质的教育需要理想的学习空间，舒适和愉悦的自然环境是儿童学习和体验最理想的场所，因此博物馆文化的展示空间形式面临革新，也必然从传统博物馆狭小的"馆舍天地"，走向丰富多彩的"大千世界"[3]。

◎ 波点艺术

◎ 博物馆日活动之学跳摆手舞

3. 单霁翔：《从"馆舍天地"走向"大千世界"——关于广义博物馆的思考》，天津大学出版社，2011。

如拓展博物馆的露天庭院空间，或开辟儿童专属展厅和教育体验区，或将馆内一角布置成自然界的一角，溪水潺潺，小草青青，花鸟虫鱼……向儿童提供天然素材，供其大胆想象，享受试听语言表达独特认知的情境；又如开拓与幼儿园的馆校合作，关注社区儿童的需求，尝试联手建立"活态"的社区博物馆，提供独特的博物馆服务。

（二）儿童可以为博物馆做些什么

只有当儿童知道了自己是博物馆的主角，博物馆为他们做什么之后，儿童才可能知道他们自己应该怎么帮博物馆做得更好。

1. 小手牵大手，让父母一起爱上博物馆

一个博物馆的生命力在于，你把博物馆的文化传递到一定程度，博物馆未来的观众构成，将是"由历史文化界向普通民众扩展"，"由小圈子向全社会蔓延"。如果儿童已然是博物馆的主角，他们也一定会成为博物馆文化的传递者，通过他们在博物馆的体验影响他们的父母，让父母们真正理解现在的博物馆，并让父母们发现现在的博物馆与他们以前所知道的博物馆是不一样的。现在的博物馆是让公众更好地理解生活、享受生活，并提供物有所值的文化和社交体验的全新的博物馆。在这种博物馆里，公众还是能看到古物、宝藏、陈列和特展，但是更多的是博物馆探险性的神秘和迷幻般的神奇！让父母与孩子一起爱上博物馆，由此，带动更多的群体，一起来培育全社会的博物馆情结。

2. 萌娃来当家，让博物馆焕发新的活力

儿童阶段是人的自我价值感确立的关键时期，赋予儿童角色与使命感更能激发他们探索学习的热情。同时对儿童而言，"我听过就忘了，我看见就记住了，我做了就理解了"[4]。让儿童真正动起来，以博物馆主角的身份积极参与博物馆的各项教育服务活动。如让儿童成为博物馆"文化小使者"，给他们特殊的任务，成为学校里的"小小博学家"，向更多的儿童讲述他们的博物馆之旅，引导更多的儿童走进博物馆，成为博物馆的"铁杆小粉丝"；或者让儿童成为"小小讲解员""小小志愿者""文博小记者"，参与策划博物馆各种推介活动，既让儿童在乐趣中学习更多知识，又提供展示自我、提升自我的舞台；还可以组织儿童参加"环球自然日"少年自然科学知识挑战活动，通过展览、表演、科普绘画、故事播讲以及科学展演形式，激发对自然科学的兴趣。一段段充满童趣的萌式讲解，一张张可爱又有礼的笑脸，一定会成为博物馆一道鲜活的风景，博物馆也因此显得亲切生动又富有活力，人们逛博物馆也就变得简单而有趣了。

（三）让博物馆的种子在儿童心中发芽

很多时候，博物馆就像一粒种子，给它土壤，承载和容纳了无限可能的种子就可能长成一片独特的风景，儿童被吸引到这里观赏风景，又让这些景致长留心间。博物馆只有越来越了解儿童、亲近儿童，真正了解儿童的心理、儿童的需求、儿童的学习方式，创造兼具娱乐性、知识性、艺术性、科学性、思想性的更好的互动体验项目，让儿童成为博物馆的主角，博物馆这颗亲切的种子才能深深地在儿童心中扎根发芽，并像蒲公英一样，把博物馆的种子传递给更多的人。

让儿童从小种下博物馆的种子，从小长在博物馆，从小就知道要传承历史，要重视文化，对美术作品、历史文献、古典建筑有一种敬畏感；从小学会去观赏、揣摩喜欢的作品，把博物馆当作是一个有意思的地方，把博物馆里开心美好的感悟融为自己内心世界的一部分，给自己的未来留下记忆，也许，他们会把博物馆当成他们一生的最佳去处。

---

4. 玛利亚·蒙台梭利：《童年的秘密》，长安出版社，2010。

寻找博物馆教育的味道

——博物馆教育活动的反思与行动

近年来,博物馆教育活动如雨后春笋般开展起来,逐渐成为博物馆的核心工作,成为推动博物馆可持续发展的重要内容。然而,在各地博物馆教育活动快速繁荣的背后,面临的问题和挑战也不少:活动类型同质化、名目花哨却内涵不足、缺少具有广泛影响且可持续的品牌项目、教育活动单调寡淡,有量无质的"中国式博物馆教育活动"隐忧正日趋凸显。让每一个博物馆的教育活动找到自己的专属味道,对博物馆的社会角色演变以及博物馆教育活动现状进行分析,从博物馆教育应具有的品性与味道进行探讨,是对博物馆教育服务水平进一步提升的要求。

一、教育，博物馆永远的灵魂

"博物馆"一词源于古希腊文"mous+eion"（场所），为"思考之所"或"缪斯的宝座"之意。公元前4世纪，马其顿的亚历山大大帝在建立地跨欧亚非大帝国的军事行动中，把搜集和掠夺的许多艺术珍品和稀有古物交给他的老师亚里士多德整理、研究，亚里士多德利用这些文化遗产进行教学和知识传播。亚历山大去世后，他的部下托勒密·索托建立了缪斯神庙，陈列天文、医学和文化艺术藏品，供学者们研究，被公认为是人类历史上最早的"博物馆"。由此可见，博物馆从它"出生"之始，就被赋予了传播与教育的责任。教育，是博物馆与生俱来的职能。

博物馆，从缪斯神庙发展到今天，已有2000多年历史。在这漫长的2000多年里，教育一直是博物馆亘古不变的灵魂，其教育内涵伴随着博物馆的发展而不断地扩展。1974年在哥本哈根召开的第十届国际博物馆协会大会上，博物馆被定义为"一个不追求营利，为社会和社会发展服务的公开的永久性机构，它为研究、教育、欣赏之目的征集、保护、研究、传播并展示人类及人类环境的见证物"。2007年，国际博物馆协会维也纳大会中对博物馆定义进行了新修订："博物馆是一个为社会及其发展服务的、向公众开放的非营利性常设机构，为教育、研究、欣赏的目的征集、保护、研究、传播并展出人类及人类环境的物质及非物质遗产。"[1] 新的定义首次将"教育"取代了研究而成为博物馆存在的首要目的，博物馆所肩负的教育意义再次被加重与强调。2015年3月2日，国务院颁布《博物馆条例》，把"教育"列为博物馆各项功能之首，并明确指出要"利用博物馆资源开展教育教学、社会实践活动"。[2] 把"教育"的功能置顶，更彰显博物馆所承担的教育角色：博物馆是一所学校，是一个知识补给站，是市民亲近古往今来的历史与现代文明的课堂。美国迎接新世纪博物馆委员会在博物馆报告中指出，"如果说藏品是博物馆的心脏，那么我们就应该使用充分的信息和有启发性的方法，展示藏品的教育工作称之为博物馆的灵魂"。[3] 原台北"故宫博物院"院长周功鑫也曾指出，教育是博物馆永远的灵魂，没有教育活动的博物馆是"没有生气"的博物馆。教育，与博物馆相生相伴、相伴相随。[4]

---

1. 张子康、罗怡、李海若：《文化造城》，广西师范大学出版社，2011。

2. 郑奕：《博物馆教育活动研究》，复旦大学出版社，2015。

3. [美] 乔治·E. 海因：《学在博物馆》，北京燕山出版社，李中、隋荷译，2010。

4. 闫宏斌、杨丹丹：《博物馆与儿童教育》，文物出版社，2013。

二、教育，仅有免费还不够

近年来，博物馆教育活动如雨后春笋般开展起来，教育活动逐渐成为博物馆的核心工作，成为推动博物馆可持续发展的重要内容。很多博物馆每年的教育活动已突破百场，并且仍以每年翻番的速度增长。全国各地文博界纷纷开展"博物馆教育最佳做法""博物馆教育项目示范案例"的评选活动，教育活动呈现出百花齐放，百家争鸣的盛况。教育使博物馆充满了青春的活力，博物馆迎来了自免费开放以来的又一个春天。然而，在各地博物馆教育活动快速繁荣的背后，面临的问题和挑战也不少：活动类型同质化、名目花哨却内涵不足、缺少具有广泛影响且可持续的品牌项目、教育活动单调寡淡，有量无质的"中国式博物馆教育活动"隐忧正日趋凸显。

（一）重声势轻内容，热闹场面昙花一现

随着博物馆教育理念的不断深入，博物馆纷纷通过开展各种形式的教育活动来吸引众多观众到馆参观，博物馆教育活动也因此风生水起、欣欣向荣。很多博物馆微信、微博轮番出击，求聚焦、求声势，把热闹的场面、壮观的声势视为教育活动的亮点。教育活动参与的人数、热闹程度俨然成了判定教育活动成功与否的重要标准。有博物馆举办旗袍秀活动，数十名旗袍爱好者们身着各式花样的旗袍，婷婷袅袅、摇曳生姿，展示了中国传统服饰的独特魅力。台上乐声悠扬、花团锦簇，台下家长忙于拍照发微信，孩子们跑来跑去，喧哗打闹，场面如火如荼，颇为壮观。诚然，教育活动为博物馆带来了旺盛人气，让博物馆距离普通人不再遥远，逛博物馆，在博物馆参加活动也不再是一种奢侈。旗袍主题活动也是一个不错的教育内容，但是仅仅只有旗袍走秀，没有相关的旗袍记忆、旗袍生活、旗袍影踪、旗袍文明、旗袍浪漫等内容的延伸与体验，观众很难感受到旗袍所承载的浓厚的历史和丰富的文化内涵，这样的教育活动虽然造势轰动、人潮不断，但是形式大于内容，教育效应甚微，恐怕也只是热闹一阵，无法持久。

博物馆不是广场，也不是超市，而是亲近历史、陶冶情操、催化文明、开启民智的地方。博物馆教育不是作秀，它需要实实在在的主体参与，

它需要人与物之间的接纳与交融。博物馆教育既不能一味地追求热闹，也不能一味地追求安静，热闹与安静都不是教育的本质，博物馆教育应因物施教，按对象、年龄、背景等的不同给予不同的方式，当静之处则静，当闹之处则闹，轻松活泼，和观众互动性强，同时又不失文化和品位。

（二）重数量轻质量，活动效果差强人意

为拉近与公众的距离，更好地提供公共文化服务，有些博物馆想方设法推出各类教育活动，创建"公众活动""亲子活动""第二课堂""传统文化""互动体验"等项目，每周举办数场活动，每月活动更是不计其数，甚至恨不得天天有活动，时时有活动。我们的博物馆教育本来就没什么家底，很多博物馆由于教育人员匮乏，没有能力设计实施更多的教育活动，为了教育活动数量的突破，只能寻求社会教育机构，博物馆似乎成了广大社会教育机构的一个教学点，这种情况下教育活动数量迅速扩张，教育效果着实让人难以放心。有的博物馆"第二课堂"的安排竟然是教育机构的12堂古诗课："初唐四杰"之王勃、"边塞诗派"之王之涣、"边塞诗派"之王昌龄、"浪漫主义诗派"之李白（上、中、下）、"山水田园诗派"之王维（上、中、下）、"山水田园诗派"之孟浩然（上、中、下）。这样的教学方式很像学校教育，只是搬到博物馆中来，并没有跟博物馆的藏品挂钩，没有多少博物馆的教育特色。当然，博物馆教育人员匮乏，跟社会教育机构合作，也不失为一种办法，但是社会教育机构的教育人员是否有能力、有意识地分清楚博物馆教育与学校制式教育的区别？这样的教育活动能体现出博物馆作为公共教育资源所承担的社会责任吗？

（三）重说教轻体验，文化传承生硬晦涩

博物馆策划实施各种教育活动时，需要分析研究目标观众，充分挖掘自身资源，运用尽可能丰富的手段，塑造感官体验及思维认同，推出丰富多彩的体验式项目。但很多博物馆由于专业人员的匮乏，即便有相应的一些教育活动，但缺乏理论和实践的经验，大多只停留在说教或导赏的层面。有媒体报道，某省馆暑假期间举办"小小讲解员

教育活动"。前期进行"小讲解员基本素养和讲解礼仪""历史知识基础通讲"讲解，从专业的角度让小朋友了解作为一名小讲解员应具备的仪态和专业的基础知识；接着为筛选现场，博物馆评委老师以讲解内容、语言表达和讲解仪态三个方面为考察标准，为所有参加筛选的小选手打分；最后为展厅考核。报名时485名小学生，通过一轮轮紧张、激烈的环节的筛选，结果最后仅为68人。整个培训过程就是一个"考"字当头，小小讲解员们要经过数次气氛紧张的严格考核，要学习大量文物、博物馆知识和概念。这样的培训内容、方式，即便是大学生专业学习也要4年，何况天真烂漫的小学生！这样的教育活动是否符合儿童教育学、心理学的要求？博物馆教育目标难道是为了培养"小讲解员"？如此生硬说教的教育活动哪怕形式再多样恐怕也是效果甚微的。

（四）重模仿轻特色，教育味道单调寡淡

由于博物馆教育相关专业学科建设滞后，对国内博物馆社会教育情况和国外前沿社会教育理念都不甚了解，导致很多博物馆的社会教育内容较为雷同，手段较为单一，甚至千馆一面。或复制学校教育活动，或跟风其他博物馆，采取简单的"拿来主义"，一些热门的陶艺、年画、版画、剪纸在各地博物馆出现了你方唱罢我登台，似曾相识燕归来的场面。不同性质的博物馆馆藏、资源、优势、管理理念等都有一定区别，因而策划和开展教育活动的主题、形式、规模和效果预期也会不同，这就要求借鉴者在吸收经验时要有更多的思考，挖掘和提炼有利于本馆的经验，这样才能取其精髓，为我所用。博物馆只有立足本馆特色，扬长避短，才能设计出深受观众喜爱的特色社会教育项目。

三、博物馆教育，应找到自己的味道

味道，是一种具有特定意义的艺术形式。正如每个人，每一物，都有自己的味道。博物馆教育作为一种非正式的、在自愿的环境中培育新的态度、兴趣、鉴赏、信仰和价值观的情感性体验，是不是也该有自己的味道呢？国际博协教育与文化活动委员会主席爱玛·纳迪曾指

出，每一座博物馆都有特定的内容，每一件藏品（展品）都有多种阐释角度，每一座博物馆都面对许多不同的公众（现有的和潜在的），每一个博物馆都可以策划不同主题的教育项目，每一个博物馆都可以有自己的教育味道。从这一点来说，博物馆的味道，应该是千滋百味的、耐人寻味的。一个充满"味道"的教育项目，我想，至少应具有以下品性：

（一）有声有色

博物馆学习是一种非正式性、自由的体验，是一种较为灵动而富于变化的实物教育。一个有味道的教育项目应该是有声有色的，在轻松自由的状态中，让公众依赖视觉，并辅以听觉、触觉等其他感官共同作用，通过观察、阅读、触摸及操作等活动接受、加工和记忆信息。

很多博物馆也由此策划出一批声色兼具的本土特色教育项目，社会反映良好。如"桑蚕爱美丽"教育项目，让小观众喂养蚕宝宝，聆听蚕食桑叶窸窸窣窣声，观摩煮茧缫丝，抚摸缠绕的丝丝缕缕，学习丝绸彩绘，进行丝绸 DIY 创作；"考古勇士"项目，勇士们佩戴工作牌，手执小铲及刷子，在昏暗神秘的环境中下，叮咚叮咚、咣当咣当，体验考古人的辛苦和兴奋；"海的味道"主题探索项目，通过吹海风、唱渔歌、织渔网、打绳结、画渔民画、拼船模等，感受浓郁的海洋文化特色及独具韵味的民俗民风。这些项目不仅可以用眼睛看，用耳朵听，还能用手触摸、用鼻子闻……最为显著的特点就是"欢迎大家摸，鼓励大家动手"。这些有声有色的教育项目，唤起公众学习的本能，让凝固的历史变得生动鲜明起来，让"躺着的"历史"站"起来，"活"起来，从而让博物馆轻松起来，活泼起来。

◎ ［5·18］国际博物馆日活动之「活着的渔港街市」

◎ "博物馆里过大年"系列活动

◎ 世界海洋日活动之绘画篇

（二）有品有味

在国外，人们把博物馆当作主要的休闲娱乐场所，因为博物馆代表着优雅的品位。伦敦艺术工会主席乔治·高德曾说："让一个工人了解艺术作品，可以使他变得举止高贵，富有自尊心，这对于维护社会的稳定，具有非同小可的作用。此外，还可以使他成为一个更好的工人，充满愉悦，超脱于自身的地位，达到灵魂净化和升华。"如今，越来越多的国人走进博物馆，感受文化体验，年轻人好奇地在网上寻找探馆攻略，将之作为周末约会的风雅去处；父母们牵着孩子的小手，安静地走进历史，希冀下一代能探骊得珠，传承文化薪火。他们怀揣敬畏之心，向大师致礼，对文化鞠躬。观众渐次成熟，对博物馆教育项目提出了更高的要求，教育项目如何俗中带雅，雅俗共赏，有品有味呢？

强大的文化支撑是品味的根源所在，一个有味道的教育项目，一定蕴含着文化的气息。比如"博物馆里过大年"的教育项目，在博物馆里"挂灯笼、贴窗花、听大戏、写福字、送春联"的新春活动及民俗展示活动，集浓浓的民俗文化与年味气息于一体，让艺术不再遥不可及，让生活更文艺。博物馆教育项目还应依托本馆藏品、陈列性质和优势，挖掘所处的地域乡土、风俗与非物质文化遗产，利用现有教育人员专业特长，设计丰富多彩、行之有效的互动项目，讲活藏品的故事，讲出藏品的审美情趣，讲好自家的文化味道。正如美国博物馆专家古德（G.B.Goode）的那句名言："不在于它拥有什么，而在于它以其有用的资源做了什么。"文化，是看不到摸不着的东西，但通过有品有味的教育项目，让古人的审美和智慧潜移默化地渗透到人们日常生活中。

◎ 元宵节体验活动

（三）有情有意

博物馆教育是"情感性的"，通过情感影响观众的态度、兴趣、信仰、价值观，是一种致力于博物馆服务对象成长的特殊教育种类。因此，博物馆教育应充满爱的温暖，让观众在教育活动中进行深度体验和接受这份真情实感。

很多博物馆契合观众内心的需求，把自身资源与观众的日常生活相结合，设计了很多有情有意有温度的教育活动。比如为公众举办启蒙礼、成人礼活动，利用这种开放与包容，让公众产生一种博物馆情怀，博物馆与公众是相伴成长的，是子子孙孙的文脉传承。又如博物馆开展"非遗之约"教育项目，邀请弱势群体一起参加，让每一个人都受到尊重，让每一个人都享有博物馆公益文化教育和服务的平等权利，呈现了与众不同的亲民色彩。非遗活动中，传承人老师手把手传授观众绝活，不仅让观众在活动体验中感受传统工艺所具有的温度和个性，更引导观众在活动中寻找同伴、合作人，共同完成任务，增进沟通，在交往中引发更多的情感共鸣，从而获得很多意想不到的艺术以外的教育。有情有意的教育活动一定是最智慧、最温婉、最有内涵的教育方式。

◎ 鏖战东海流动展走进军营

◎ 张苍水生平事迹流动展走进学校

（四）有形有神

博物馆典藏、陈列着自然和人类文化遗产的优秀成果，这些成果不仅是有形的，还包含或承载着活泼的内容，是形神兼备的，它与当下文化、生活融为一体，能够陶冶情操，可以让书本里的历史更鲜活。因此博物馆教育项目在设计实施的过程中，既应注重丰富多彩、鲜活的形态，更应富含"价值生命"的营养要素，使之有形有神、形神兼备。

"行走的博物馆"走读项目是个很好的案例。博物馆教育突破围墙主动走进学校，将博物馆丰富的物件资源作为博物馆课程的核心，利用学生天生的好奇心和兴趣，让学生针对物件提出问题、探究问题以发掘信息，或以开放式问题、批判性思考回应学生，最后让学生重新聚焦于物件，以此引导学生得出自己的答案。通过博物馆小小的物件衍生出"古物与古人""古物与时代""古物与今物""古物与我"等之间的对话。有形有神有习得，博物馆不是一个脱离现实世界的机构，博物馆要做的是提供一个思考的平台，激起更多讨论，让更多人的声音被听到。

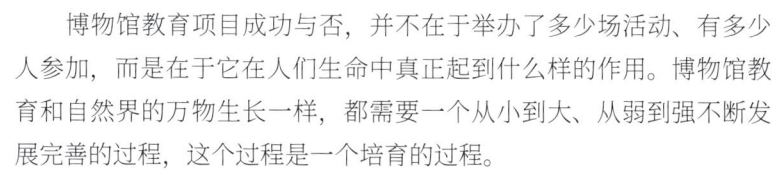

博物馆教育项目成功与否，并不在于举办了多少场活动、有多少人参加，而是在于它在人们生命中真正起到什么样的作用。博物馆教育和自然界的万物生长一样，都需要一个从小到大、从弱到强不断发展完善的过程，这个过程是一个培育的过程。

教育有味，教育无痕，将是博物馆教育精致的追求。

共同富裕示范区背景下
博物馆革命文物的创新性传承研究

博物馆是传播科学、传承人类文明的重要殿堂，始终承担着传播红色文化，弘扬伟大革命精神的重要使命。共同富裕示范区的建设，给区内博物馆革命文物在内的红色资源带来了重大机遇。舟山博物馆把握时代发展趋势，不断创新革命文物工作思路，扩宽渠道、丰富形式，探索红色资源的创造性转化以及创新性发展的新路径，让红色文化展示与传播工作与时俱进，充分激发红色资源的时代活力。

一、重新思考和定位革命文物创新性传承的使命要求

革命文物是我国文物资源的重要组成部分，是具有特殊价值的文物藏品门类。2018年10月，国家文物局印发的《关于报送革命文物名录的通知》中，对革命文物作出了相关规定："革命文物主要是指见证近代以来中国人民抵御外来侵略、维护国家主权、捍卫民族独立和争取人民自由的英勇斗争，见证中国共产党领导中国人民进行新民主主义革命和社会主义革命的光荣历史，并经认定登记的实物遗存。对社会主义建设和改革时期彰显革命精神、继承革命文化的实物遗存，也纳入革命文物范畴。革命文物，包括不可移动革命文物和可移动革命文物。"[1]

党的十八大以来，党中央高度重视革命文物保护利用，就加强革命文物保护利用、弘扬革命文化、传承红色基因作出了重要论述。2021年，习近平总书记对革命文物工作作出重要指示："革命文物承载党和人民英勇奋斗的光荣历史，记载中国革命的伟大历程和感人事迹，是党和国家的宝贵财富，是弘扬革命传统和革命文化、加强社会主义精神文明建设、激发爱国热情、振奋民族精神的生动教材"[2]；在党史学习教育动员大会上，习近平总书记强调："中国革命历史是最好的营养剂，重温这部伟大历史能够受到党的初心使命、性质宗旨、理想信念的生动教育，必须铭记光辉历史、传承红色基因。"[3] 同年，国家文物局、退役军人事务部联合印发《关于充分用好革命文物资源及烈士纪念设施服务党史学习教育的通知》，国家文物局、教育部联合印发《关于充分运用革命文物资源加强新时代高校思想政治工作的意见》，一系列重要指示为保护好、研究好、利用好革命文物，充分发挥中国革命历史的营养剂作用指明了方向，为新时代新征程中抓党建的使命和方向找到了突破口与努力方向。

二、共同富裕示范区给博物馆革命文物等红色资源带来的重大机遇

党的十九届五中全会提出"全体人民共同富裕取得更为明显的实

---

1. 国家文物局《关于报送革命文物名录的通知》，2018年10月19日。

2. 人民日报《习近平对革命文物作出重要指示》，2021年3月31日。

3. 求是杂志《在党史学习教育动员大会上的讲话》，2021年4月1日。

质性进展"的目标，2021年5月20日，党中央、国务院印发《关于支持浙江高质量发展建设共同富裕示范区的意见》，浙江省率先开启探索建设共同富裕美好社会建设之路。2022年2月15日，浙江省成立文化和旅游促进共同富裕"智囊团"，研究并发布了"文旅共富十条"，其中明确指出，"厚植共同富裕文化底蕴底色，深入挖掘优秀传统文化基因，守好'红色根脉'，传承浙江文脉，弘扬当代精神"。共同富裕不仅仅是物质丰裕，也是精神文化生活的富裕。共同富裕示范区的建设，对于区内红色资源的整合提升是一大利好，带来了重大发展机遇。在共同富裕示范区背景下，通过对革命文物资源科学合理地整合、开发、利用，提升红色教育展示传播水平，促进革命精神的弘扬与发展，具有重大的理论价值和实践意义。

第一，红色资源是打造海岛风景线的"重要窗口"。有着"千岛之城"称誉的舟山市位于浙江省东北部，四面环海，是我国第一个以群岛建制的地级市。舟山群岛不仅历史悠远，而且具有光荣的革命传统，这些革命传统是中国共产党在百年奋斗中形成的政治觉悟、革命斗争精神、高尚品质和优良作风的集中概括，具有不可替代的凝聚力和强大的号召力。为更好地用好用活"家门口"丰富的红色资源，把最接地气的红色资源保护好、管理好、运用好，作为凝聚奋进力量，推进党的自我革命、永葆党的生机活力的重要抓手，舟山市充分利用海岛红色文化资源，以"挖掘+认定""修缮+保护"和"活化+利用"的方式，传承红色文化基因，讲好红色文化故事，全面点亮海岛"红色风景线"，让红色资源成为海岛风景线的"重要窗口"。

第二，红色资源是点燃共同富裕的"精神火花"。在共同富裕示范区背景下，地方红色资源在社会经济发展中的作用与机制日益凸显。通过描绘"红色地图"、弘扬"红色精神"、传承"红色基因"，以"红色"根脉点燃共同富裕"精神火花"。多年来，舟山市非常重视红色资源的保护利用，以红色文化资源禀赋增强红色旅游的吸引力。2021年，充分挖掘红色文化和旅游资源，连点成线、串珠成链，推出了10条红色主题旅游线路，成功创建舟山鸦片战争纪念馆3A级红色旅游景区，打造了金维映故居等研学基地5家。舟山博物馆"走读昌国——舟山文化遗产零距离体验活动"和普陀区"传承红色基因，弘扬新时代蚂

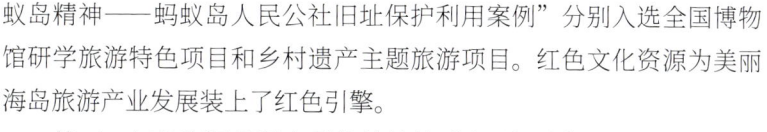

蚁岛精神——蚂蚁岛人民公社旧址保护利用案例"分别入选全国博物馆研学旅游特色项目和乡村遗产主题旅游项目。红色文化资源为美丽海岛旅游产业发展装上了红色引擎。

第三,红色资源是汲取民族精神的"力量源泉"。历史是最好的教科书,红色资源是国家发展中形成的重要精神财富,是革命基因和民族复兴的"精神坐标"。位于舟山市普陀区的蚂蚁岛,在"全国艰苦创业先进典型"的奋斗史中,淬炼出"艰苦创业、敢啃骨头、勇争一流"的蚂蚁岛精神。时任浙江省委书记的习近平同志在2005年调研蚂蚁岛时提出"蚂蚁岛精神不仅没有过时,还要继续发扬光大"。[4] 2020年,舟山市委七届九次全会正式把蚂蚁岛精神提升为新时代的舟山精神。以蚂蚁岛精神为发展之魂,努力挖掘舟山精神之内涵,把这些红色资源转化为滋养中华儿女的"红色营养",是进一步弘扬新时代"红色精神"的力量源泉。

三、舟山博物馆革命文物创新性传承的路径研究

在新时代党和国家事业发展的背景下,博物馆作为传播科学、传承人类文明的重要殿堂,作为满足人民群众对美好生活的向往,实现精神文化生活共同富裕的主要阵营,迫切需要加强革命文物的资源整合,迫切需要革命文物价值挖掘阐释传播,迫切需要发挥服务大局,资政育人、推动发展的独特作用。2018年6月,舟山博物馆被列入舟山市首批红色教育基地,开启红色教育创新之旅,经过3年探索实践,基地已累计接待观众人次突破100万,革命文物传承形式不断创新,红色资源的时代活力得到充分激发。

(一)创新形式,提升革命文物展示与传播水平

1. 坚持地域性原则,盘活地方革命文物资源,策划主题展览

地方革命文物资源,是指产生于一定地域,具有地方文化独特精神气质的革命文物资源,具有较强的政治功能、经济功能、社会功能和文化功能,在推动区域经济社会发展,人文精神滋养,特别是资政育人、党性教育方面意义重大,作用与影响凸显。舟山博物馆全面盘

---

4. 王贵山、王权、曹文君、王誉博、俞海辉:《"你好,小岛"岛小志气大,小蚂蚁敢啃硬骨头》,央广网,2019年7月23日。

点馆藏革命文物，进一步审视红色资源，依托革命文物、红色资源、遗址器物等文化元素，提炼本土概念，凝聚文化情感，通过丰富多彩、形式多样的展览展示，充分塑造了舟山人的"红色精神"。

（1）自主策划革命主题展览。2020年是第一次鸦片战争爆发180周年，在这场战争中，舟山两次为侵华英军所攻占，舟山军民为保卫家园付出了重大代价。同时2020年还是舟山解放70周年，70年前我强大的人民解放军渡海作战，解放舟山，使舟山走上了新的历史轨道。为深刻展示这两场对舟山历史进程产生了深远影响的战争，让广大市民在博物馆中抚今追昔，不忘历史，舟山博物馆自主策划完成"战海山——纪念舟山军民抗英斗争180周年"与"蹈海——纪念舟山解放70周年"两个本土革命主题展览。尤其是"蹈海——纪念舟山解放70周年"展览策划中，征集了40余件与解放舟山直接相关的革命文献史料，包括舟山解放捷报、报道舟山解放的旧报纸和参加舟山战役的解放军部队发行的军报等；与解放军驻舟山某部、舟山市公安局、舟山市档案局和普陀区档案局进行了联系与沟通，借用了一大批珍贵的历史资料、革命文物，以生动的展陈形式让观众在仔细端详这些当年的革命文献史料和实物时，重温70年前那场波澜壮阔的蹈海之战。该展览荣获了2020年度100项"弘扬优秀传统文化、培育社会主义核心价值观"主题展览。

（2）联合举办主题热点展览。2021年是中国共产党成立100周年。100年来，我们的国家发生了翻天覆地的变化。其中，国防实力的变化十分显著。人民解放军海军作为我国武装力量的重要组成部分，在海洋权益日益为各国重视的当下，也受到越来越多的关注。近年来，国产航母、万吨大驱、新型两栖攻击舰等等先后入役，人民海军日新月异的发展也着实令人欣喜和关注。地处东海之滨的舟山，历来是我国海防重地，也一直与海军有着密不可分的联系。7月1日，舟山博物馆联合驻舟海军部队策划举办"从这里，航向深蓝——舟山与人民海军特展"，此次展览选取了"舟山与人民海军"这一独特角度，抓住舟山的地域特色，深度挖掘舟山与人民海军的联系，以小见大。展品以新旧战舰舰模为主，以"舰"证史，从军舰的更新迭代中反映人民海军的强军航迹，以功勋战舰的战斗故事彰显人民海军战士的英雄气概，讲述不同历史时期舟山的海军故事。很多珍贵的海军历史文物和海军新旧战舰船模都是首次公开展示，为展览增加了颇多亮点。该展览荣获了2021年度100项"弘扬优秀传统文化、培育社会主义核心价值观"主题展览。

（3）制作沉浸式体验，增强情感体验。为更好地调动观众的情绪，激发观众的想象力，唤起情感共鸣，在"蹈海——纪念舟山解放70周年"展厅入口的墙上，设计张贴了一张张舟山本岛解放当天的《文汇报》《大公报》《人民日报》……把"舟山解放"的喜讯放在了头条的位置，让观众获得沉浸式体验，引起更深层次的关注和参与。同时，展厅墙面上播放舟山解放当日的盛况，一段3分多钟的黑白视频中，生动再现了孩童在滩涂上捡螃蟹，解放军进城，舟山民众在街上游行庆祝解放等军民共建的感人画面。观众看到熟悉的街道，感受着这70年舟山的巨大变化，70年，似乎很久远，又似乎没有那么久远。另外，在"从这里，航向深蓝——舟山与人民海军特展"策划中，模拟军舰造型，布置互动体验装置，伴以阵阵涛声，营造了人在舰中行的氛围，鼓励观众在其中自由活动、探索，充分地与展品达成互动。观众对于展厅的视觉、听觉、触觉的感受被极度放大，形成了极强的沉浸感。此外，还设置重温入党誓词空间，模拟海军日常，观看海军影片等方式，引导广大青少年学习党的光荣历史、弘扬党的革命精神，在他们心中播下"知党、敬党、爱党"的种子，传承红色基因，让革命薪火代代相传。

2. 坚持原真性原则，激活革命文物新内涵，讲述海岛特色红色故事

原真性，是文物保护修复的基本原则，也是挖掘文物内涵的核心理念。从"物"的层面来说，是在原貌破坏的情况下，修复要以历史真实和可靠文献为依据[5]，保全现存实物原状与历史信息；从"事"的层面，尽可能还原历史事件本来面目。舟山博物馆在深入挖掘革命文物红色资源的内涵价值和现实意义时，紧紧抓住"原真性"，既不片面解读，也不过度加工，及时将研究成果转化为服务青少年教育的鲜活素材。通过通俗化讲述、策划研学课程和教育实践活动，激发"知史爱党、知史爱国"的情感，充分发挥革命文物的教育价值。

（1）开设"纸上博物馆"革命文物说。2018年1月，舟山博物馆和《舟山晚报》联合打造了"纸上博物馆"栏目。目的就是借助舟山博物馆具有特色的陈列展览、丰富的藏品，以及《舟山晚报》强大的发行量和影响力，来进一步传播舟山文化。2021年，重点筹划"纸上博物馆"革命文物说，深度挖掘馆藏革命文物和文献资料内涵，为民众讲述革命英雄故事，让革命文物故事走进千家万户，将这些英雄的故事流传下去。其中《70年前的捷报，吹响舟山解放的号角》《70年前的今天，舟山的解放日》《漂海归来的英雄——傅祥明》《〈华东前线〉与东海游击纵队》等震撼人心的英勇故事，得到了本地人民群众深切的情感认同。同时，将《小艇担大任——解放嵊泗作战中的人民海军登陆艇》《"长治"舰起义官兵合照》《一盏老式煤油灯，照亮革命前行路》等革命故事推送到学习强国平台，向全国人民展示舟山的革命历史和红色文化，充分发挥博物馆革命文物文化育人的影响，增加红色资源学习教育的"磁力"。

（2）开发红色研学课程。在"蹈海——纪念舟山解放70周年"展览展品征集中"挖"出了许多精彩的故事。比如第七兵团的兵团报《华东前线》的画刊中，图文并茂地描述了一位登步之战中的战斗英雄傅祥明的传奇故事；一盏老式煤油灯，是中共浙东临委在浙江省舟山市定海县茅洋林家召开东海工委扩大会议时使用过的，见证了一段解放战争时期舟山的革命史；等等。结合这些文物展品，将文物信息、社会背景、人文故事、科学认知进行二度开发，阐释文化内涵，实现人文故事与文物科学认知的有机结合，形成以"文化基因、文物故事、文博技能"为内涵的课程体系，研发了"藏在古诗词里的文物"红色研学课程。如"灯的故事"，从地域文化、红色文化两个角度提取了"海上的明灯""永不熄灭的历史之灯"等不同的主题。"海上的明灯"通过舟山非遗展品"灯"，重点介绍舟山独特的海洋文化元素"灯塔"。舟山海域，灯塔荟萃，指引着航船避险，借助"灯塔"向民众介绍这些风俗，唤起舟山人民的历史记忆。"永不熄灭的历史之灯"通过"油灯"，结合艾青的诗词名句《灯》"盼望着能到天边/去那盏灯的下面——/而天是比盼望更远的！"以及巴金的《灯》"在这人间，灯光是不会灭的！"，进一步诠释盼望光明、追求自由的伟大民族精神，为我们保护革命文物、弘扬革命文化、传承红色基因，提供科学引导。

3. 坚持时代性原则，创新革命文物传播方式，推进"互联网 + 革命文物"

随着新技术、新平台与新业态的迅猛发展与快速崛起，博物馆传播模式正悄然改变，并呈现出数字化、智慧化、多元化的特点。舟山博物馆在革命文物传承发展的过程中，与时俱进，不断创新，既保留文化时代性特征，又与新时代紧密结合，让革命文物绽放时代光芒。

（1）建立新媒体矩阵，创设全渠道传播。借助新媒体技术，制作数字展览"从这里，航向深蓝——舟山与人民海军特展""蹈海——纪念舟山解放 70 周年"等，并积极与广播电台、大舟山网络、晚报传媒等平台合作，开辟融媒体矩阵，丰富内容供给新样态，拓展话语表达新方式，策划了《漂海归队的英雄》专题微视频，借助融媒体力量，循环播放；推出"耳朵里的博物馆——人民海军的故事""舟博直通车——建党 100 周年物证征集"，利用语音、视频、图片、在线直播等进行数字化技术重构和场景再现体验，创造了一种与公众对话的全渠道传播，转化为公众看得见、摸得着，生活化、多样化、立体化的个人体验。观众对博物馆、对相关的展示内容产生兴趣，从表象深入到其情感与精神的本质部分，从而被打动，产生认同和共鸣，促进文化信息的高效传达，真正实现博物馆"为社会和社会发展服务"的价值与社会使命。

（2）引导多感官体验互动，让革命文物活起来。为更好激发并加深观众更多的感官感受，制造丰富的感官体验，舟山博物馆在"多媒体互动墙"设置了革命文物，通过轻击图片，可随意放大、缩小，多角度观察革命文物的细节。相比传统展示传播，运用新媒体技术可以带来更快的信息传播速度和更广容量的优势。同时，创新出刊《博海行舟》新媒体读物，将革命文物和展览视频等内容进一步改编、整合、深化，制作电子月刊，持续发力，再次传播。坚持精而不杂、趣味探秘、深度学习的阅读风格定位，力求将文物特色鲜明、受众喜闻乐见、社会反响良好的作品普及更多的人。电子月刊一经上线就深受广大读者的欢迎，成为丰富内容、文化体验优质的新媒体读物，取得了良好的社会反响。

◎"走读昌国"之革命斗争在六横

（二）塑造品牌，打造红色基因传承工程

为深入挖掘海岛传统文化遗产内涵，让深藏在广袤大地上的文物活起来，唤醒人们的保护意识，实现"保护为主，合理利用"双赢，舟山博物馆打造"走读昌国"区域性文化品牌活动。该活动于2009年推出以来，以小岛上"不可移动文物、遗址、遗迹、村落"为基干，由社会各界人士参与、组成联合队伍，走进各个岛屿，关注、了解舟山小岛建设对文化遗产的保护措施，发掘可开发、可利用的古村落、古建筑、古遗址、古遗迹，以更好地宣传和促进舟山文化旅游品牌建设。十几年来，"走读昌国"深受当地老百姓的欢迎，被评为2018年浙江省民生获得感示范工程。

1. 提炼红色基因，整合精品文化走读路线

近年来，"走读昌国"顺势而为，以"党的光辉照我心"为主题，以传承红色基因、讲好党史故事、汲取前行力量为主线，以党建中心、古战场、古遗址、文化礼堂为主阵地，通过参观、考察、讲座等形式，深层次介绍中国共产党带领中国人民在社会主义建设中的感人故事，以党的奋斗精神鼓舞人，以革命先烈的英雄事迹感召人。同时通过主题设计将160余处不可移动文物有效地串联起来，共整合了92条精品文化走读路线，先后进行过白泉（文化遗产）行、临城（抗战遗迹）行、

◎「走读昌国」之金维映在岱山

◎「走读昌国」之抗日英雄在展茅

马岙（史前文化）行等，从古村落深入到红色革命遗迹，让市民进一步了解舟山历史，激发爱国主义情怀。通过"走读昌国"活动，人们重新来到了抗击外来侵略者的古战场、名人志士的深宅旧院、海上贸易的遗址、荒草淹没的交通要道，多角度透视舟山本土的历史文化遗产，唤起对舟山本土文化的独家记忆和情怀，实现对传统文化、红色文化的保护与传承。

2. 采用多层次体验模式，实施红色基因传承工程

"走读昌国"采用"实地探寻＋零距离体验"等模式，让市民亲临现场参观、考察，深层次了解活动地点背后的故事，活动过程中穿插红色文化遗产的展示与互动，变现场为课堂，变红色历史素材为教材，变传统教授为互动交流的新体验，实现多层次的体验模式。大力开发角色扮演、场景再现、隔空互动等更具体验感、更富感染力、更丰富多彩的形式，让市民在"看、听、思、悟"中感受红色文化的熏陶、榜样力量的鞭策和红色文化的洗礼。同时积极开展馆校合作，实施"革命文物进校园，红色基因传承工程"工程。2021年，组织近百名学生在革命老区展茅开展"走读昌国——闪闪小红军，重走长征路"童心向党教育实践活动。活动以重温入队誓词、学唱红歌、参观展茅革命史迹陈列馆、参观茅洋会议旧址、模拟"重走长征路"、学习担架制

◎"童心向党"教育实践活动

作和包扎伤员等方式,让学生在走进红色、体验红色、讲述红色故事中,传承红色基因,感悟长征精神,激发爱党、爱国、爱家乡的情感。

(三)贴近群众,开展红色资源融合发展
1. 让红色故事从群众中来到群众中去

"人民,只有人民才是创造世界历史的动力","群众是真正的英雄",不管是"蚂蚁岛精神",还是"钱塘江围垦精神",都充分体现了人民群众才是历史真正的主角,人民群众才是红色资源的主体。离开了人民群众,一个地方的发展史、奋斗史、革命史就会失去源泉和活力。大力开展地方革命文物征集,发挥好红色资源"好教材""活教材"的作用,让红色藏品从群众中来到群众中去。比如,舟山博物馆在"蹈海"展览藏品征集中,发现舟山游击支队、东海游击总队、参战解放军以及积极参与支前的水手民工都是"蹈海而战"的主角。如何把这些普通英雄、革命主角的故事进行传播传承?成立红色宣讲团,组织"守好红色根脉,书写青春忠诚"青年宣讲团走入基层,将这些具有地方特色的革命故事送至群众身边,将舟山战役中一位位英雄故事向群众还原,当好革命历史的讲述者和革命精神的传承者;成立"东海渔嫂"护宝员队伍,以"志愿"与"公益"服务为基础,以立足助力文物安全和文物故事宣讲为核心,组织开展文物安全巡查检查和宣传教育,展示新时代巾帼作为,建设新时代舟山精神"半边天";重新梳理红色资源,提出"带革命文物下海岛"理念,策划适合走进基层的革命文物展,落实以图文为主、若干件实物为辅的策展思路,

◎ 红色故事宣讲

走进街道社区、部队、乡村等,辐射基层,让红色教育走进群众。

2. 推动红色资源,与蓝色海洋、绿色生态融合发展

红色资源是文化底色,是精神引领,依托现有的红色文化资源,将红色旅游资源与独特的海洋文化内涵以及丰富的绿色生态资源深度融合,全方位展现舟山文旅的生命力。2021年,舟山博物馆策划"传承红色精神,守护蓝色生命线"世界海洋日主题活动,该活动荣获"2021年度全省博物馆优秀青少年教育项目"。自2016年起,已成功举办五届,活动深度融合"红蓝绿",主要包括展厅观展、知识课堂、互动游戏、海岛走读等环节,通过"重参与、重过程、重体验"的活动方式,探索多维度的海岛历史,挖掘海洋文化中的"红色根脉"。尤其是"党史中的舟山地名"的展览,通过追寻一个个丹赤尽染的"红色地名",品地名故事,学百年党史;海岛走访环节,通过寻访红色足迹,回望百年党史,领略人民海军于乘风破浪中披荆斩棘,于战火纷飞中同舟共济,于百年风雨中革故鼎新的艰辛历程。红色是文化底色,蓝色是地域本色,绿色是发展亮色,将"红色"文化底蕴与"蓝色""绿色"生态资源整合,相互促进、相得益彰,形成共建共荣的繁荣局面,走出一条"红蓝绿"交相辉映的特色旅游发展之路。

参考文献:
周景春.传承与创新:革命类纪念馆宣教工作思考.中国博物馆,2021(3).

"诗画浙江"语境下
博物馆研学课程的设计与思考
—— 以"跟着古诗识文物"为例

  2018年,浙江省政府工作报告首次提出"诗画浙江"品牌,以浙江优美的自然资源和人文涵养,打造全域旅游,更好满足人民日益增长的美好生活需要。这一战略部署,为今后浙江文旅事业的高质量发展提供了强大动能,为全域旅游指明了新的方向,为研学旅行开启了新的语境。博物馆研学课程,作为一门以博物馆藏品及其衍生文化资源为教育内容,融合课程教育与实践探究于一体的综合性课程,如何实现诗意地在"学"中游,在游中"学"呢?基于"诗画浙江·博物浪漫"新语境,以"跟着古诗识文物"为例,创新有序开发分众化课程、全面解码有效提取多主题元素、引入社会力量有力推进多领域合作等研学举措,让博物馆资源转化成优质研学课程,推动博物馆研学良性发展,为博物馆教育社会化提供先验借鉴。

一、"诗画浙江"背景下的博物馆研学新语境

2018年，浙江省政府工作报告首次提出"诗画浙江"品牌，以浙江优美的自然资源和人文涵养，打造全域旅游，更好满足人民日益增长的美好生活需要；2019年，"诗画浙江，打造浙东唐诗之路"又一次写入省政府工作报告，以"两山"理论为指引，以"全域大景区、全省大花园"为发展目标，以"旅游+"多产业融合为发展动力，以万村千镇百城景区化、旅游风情小镇建设、高品质景区打造等为抓手，以"一户一处景、一村一幅画、一镇一天地、一城一风光"，建设现代版的富春山居图为蓝图[1]；2020年，省政府工作报告继续指出，"加快打造'诗画浙江'大花园，串珠成链推进'四条诗路'千万级核心景区建设"[2]。一系列战略部署，为今后浙江文旅事业的高质量发展提供了强大的引擎，为全域旅游指明了新的方向，也为研学旅行开启了新的语境。

博物馆作为"唐诗之路 核心景区"的重要目的地，研学旅行态势发展迅猛。2016年11月，教育部、国家发改委等11部门印发《关于推进中小学生研学旅行的意见》，指出"当前，我国已进入全面建成小康社会的决胜阶段，研学旅行正处在大有可为的发展机遇期，各地要把研学旅行摆在更加重要的位置，推动研学旅行健康快速发展"。2017年1月，中共中央办公厅、国务院办公厅印发了《关于实施中华优秀传统文化传承发展工程的意见》，明确"把中华优秀传统文化内涵更好更多地融入生产生活各方面……大力发展文化旅游，充分利用历史文化资源优势，规划设计推出一批专题研学旅游线路，引导游客在文化旅游中感知中华文化"[3]。2020年11月，教育部、国家文物局联合印发的《关于利用博物馆资源开展中小学教育教学的意见》提出，"提升博物馆研学活动质量，开发一批立德启智、特色鲜明的博物馆研学精品线路和课程"[4]。2021年5月，中央宣传部、国家发展改革委、国家文物局等9部门印发的《关于推进博物馆改革发展的指导意见》，明确指出"支持博物馆参与学生研学实践活动，促使博物馆成为学生研学实践的重要载体"[5]。

从以上内容可以看出，博物馆研学不但要服务当代文化建设，还

---

1. 褚子育：《发展全域旅游 建设诗画浙江》，《中国文物报》，2019年3月15日。

2. 袁家军：《关于上半年全省经济社会发展情况和下半年政府工作的报告》，《浙江人大（公报版）》，2020年9月5日。

3. 新华社：中共中央办公厅、国务院办公厅印发《关于实施中华优秀传统文化传承发展工程的意见》，2017年1月。

4. 教育部、国家文物局联合印发：《关于利用博物馆资源开展中小学教育教学的意见》，2020年11月。

5. 中央宣传部、国家发展改革委、教育部、科技部、民政部、财政部、人力资源社会保障部、文化和旅游部、国家文物局九部门印发：《关于推进博物馆改革发展的指导意见》，2021年5月。

应将目光投向更广阔的诗与远方。"诗画浙江"为博物馆的"遗产属性"的研学课程增加了一个新的认知维度,又为"社会属性"的文化体验研学课程创新了价值载体。博物馆应发挥"诗画浙江"资源的独特性优势,将"诗画浙江"的独特内涵、精神内核,以及情景交融、诗情画意的独特体验,利用博物馆研学课程串珠成链,以美学的方式呈现文物,从"诗画"的角度讲述故事,让观众沉浸于文物的诗情画意中,在科学与艺术之间找到"博物浪漫"。"诗画浙江·博物浪漫"是新时代新阶段博物馆研学的新语境。

二、博物馆研学课程的研究发展及经验借鉴

(一)博物馆的"研学"概念特征

什么是研学旅行?关于它的明确定义,我国学术界莫衷一是,各执一词。主要分为广义和狭义两种。广义的是指以研究性、探究型学习为目的专项旅行,是旅游者处于文化求知的需求到异地开展的文化性质的旅游活动。狭义的指由学校组织、学生参与,以学生学习知识、了解社会、培养人格为主要目的校外考察活动[6]。它们的主要区别是参与对象的不同,前者为社会公众,包括学生及非学生群体;后者仅仅是学生。他们的共同特征是,在"学"中游,在游中"学",两者有机结合。

博物馆研学是研学旅行重要的一部分,近年出台的相关文件《关于进一步做好中小学生研学旅行试点工作的通知》《教育部等11部门关于推进中小学生研学旅行的意见》《研学旅行服务规范》等文件,明确强调,研学旅行是学生集体参加的有组织、有计划、有目的校外参观体验实践活动,是研究性学习和旅行体验的结合。博物馆教育是国民教育的重要部分,为社会所有公众提供均等的共享文化资源的机会,满足不同群体不同年龄研学主体的需求,是博物馆义不容辞的社会责任。鉴于此,博物馆的研学对象应该立足学龄段,放眼全龄化。在服务学生研学群体的基础上,最大限度地利用文化实物信息,通过讲座、课程、活动等多元服务,激发社会大众的乐趣、灵感及创造力,引发思考,坚定文化自信,实现中华优秀传统文化更广泛、更深层的

6. 陈理娟、董倩茹:《博物馆研学内涵及发展路径》,《中国文物报》,2019年10月22日。

传承与发展。

（二）博物馆研学课程发展经验及存在问题

在政策发力、观众需求、市场驱使三方作用下，博物馆研学正蓬勃发展。研学课程是博物馆研学的重要载体、主要产品，众多博物馆积极探索，进行了有益的尝试和探索，积累了诸多有益经验。如，组建多样化的导师队伍、开发研学课程、升级改造研学资源库；以文物为中心组织研学材料，开发专题课程，打造"没有围墙"的研学基地；探索研学课程的广度和深度，设计完善课程体系，实施"探究型"研学课程，同时注重课程表现和评价，及主题多元化、评价系统化，注重过程性及成长性评价[7]……这些探究使博物馆独特的教育资源、独特的教育属性、独特的教育实效，得到了最广泛的社会认可，博物馆最重要的价值得到呈现。但是聚焦于研学课程的认知、目标、管理等因素，尚存在一些严峻的现实问题。

1. 研学理论实证研究缺失，研学主体利益诉求不一。 虽然研学相关研究可追溯到1996年，2008年广东省也首创将其写入中小学教学大纲，但相关研究仍停留在中期应用层面的操作探索阶段，未能步入后期实证研究专业层面的深化阶段，未能深入揭示研学本质及其形成机理，实现准确定位。同时，由于参与主体——政府、学校、博物馆和社会机构利益诉求不一致，导致缺乏基于协同的融合，资源供需矛盾。主要体现在接待能力、导师供给、内容开发、制度构建等，作为活动基地的博物馆，接待能力不足；作为活动教育实施者的导师，严重短缺；作为活动载体的课程开发，质量参差不齐；作为跨界合作的各方各自为政，相关经费和制度保障难以到位。

2. 研学主体未能全龄覆盖，产品供给能力薄弱。 由于目前很多学者狭义地将博物馆研学理解为学校课程教育的衔接与延伸，对研学的教育目标理解也仅仅是中小学生课外教育的补充。这种对博物馆研学概念内涵及价值目标的理解，导致目前的研学多聚焦于学生群体，忽略了非学生群体，成年人的博物馆研学少之又少，研学未能贯穿国民教育始终。与此同时，很多中小型博物馆由于人才、场地等各种主客观条件限制，研学活动设计不善、内容枯燥单一、研学课程稀少，只

---

7. 周婧景：《中国博物馆"研学旅行"研究发展述略——基于文献视角》，《中国博物馆》，2020（3）。

为少量的观众所用，无法满足市场日益增长的成长性需求。

3. 研学课程专业性缺位，学科体系未有机融合。教育部、国家文物局联合印发的《关于利用博物馆资源开展中小学教育教学的意见》中明确指出："要精心开发博物馆系列活动课程。各地文物部门和博物馆要会同教育部门和学校，结合中小学生认知规律和学校教育教学需要，充分挖掘博物馆资源，研究开发自然类、历史类、科技类等系列活动课程，丰富学生知识，拓展学生视野。"[8] 实际上，由于博物馆课程的专业性较强，合作体制机制不明确，各方难以善加利用，开发的研学课程不尽理想。有些课程过度依赖多媒体教学，课程设计同质化严重，弱化了对学习者审美能力的培养；有些课程内容零散，课程导向模糊与偏离，课程评价弱化与空白。更值得注意的是，研学课程设计缺乏学科理论支撑，未能与教育学、心理学、旅游学等相关理论和方法有机融合，课程标准专业性缺失，导致难以开发高品质的研学课程。

三、"诗画浙江"语境下"研学课程"的设计与思考

诗画浙江，博物浪漫。舟山博物馆作为海上蓝色唐诗之路的承载地，一方面深入挖掘和提炼海洋海岛历史文化、人文艺术、民俗风情等内涵与资源，构建起馆藏资源和现代生活美学体系；一方面解码学校教育中的古诗词、生活时节等传统文化基因，梳理藏品信息和教材知识点的链接，创新打造"跟着古诗识文物"研学品牌，开发独具特色的三大课程体系，为观众提供优质、多元、系统的"菜单式"课程，满足全民教育、终生教育和可持续性行为教育的需求。

（一）量身打造，有序开发分众化课程

一是面向少年儿童群体，开发"藏在古诗词中的文物"系列课程。古诗词和文物凝聚了中华民族几千年的文明，是民族文化的瑰宝。"藏在古诗词中的文物"课程依据《语文课程标准》推荐的古诗词和文物进行设计开发（表1）。课程以"寻找"探秘、自主学习、体验探究等方式引导少年儿童将遥远的诗词和博物馆"鲜活"的文物相联系，将

8. 教育部、国家文物局联合印发：《关于利用博物馆资源开展中小学教育教学的意见》，2020年11月。

古诗词提到的文字变成一个个具体的、立体的充满色彩与情感的故事，让少年儿童在与文物的亲密接触中，在对文物的仔细研究中，更深入地理解古诗词的美、文物的美，实现古诗、文物与少年儿童的对话，培养少年儿童的阅读能力、审美素养、艺术鉴赏能力以及批判性思维。

表1 "藏在古诗词里的文物"系列研学课程表（部分）

	古诗词	文物	文物知识点
国宝篇	唐·王翰《凉州词》葡萄美酒夜光杯，欲饮琵琶马上催。醉卧沙场君莫笑，古来征战几人回？	曹魏时期白玉杯（洛阳博物馆藏）	古人所说的夜光杯大多用玉石制成，杯子自身并不会发光，但在月光的照耀下却可以晶莹剔透、熠熠生辉。
	唐·白居易《霓裳羽衣舞歌·和微之》飘然转旋回雪轻，嫣然纵送游龙惊。小垂手后柳无力，斜曳裾时云欲生。	唐彩绘双环望仙髻女舞俑（陕西历史博物馆藏）	唐代乐舞艺术以其丰富多彩而著称于世。唐彩绘双环望仙髻女舞俑，身着唐代传统舞蹈服饰，有着初唐人物俑清秀的美感，是宫廷丝竹乐舞表演中最美丽的舞伎，也可能是"小垂手后柳无力，斜曳裾时云欲生"的舞娘。

续表

	古诗词	文物	文物知识点
馆藏篇	**唐·杜牧** 《**秋夕**》 银烛秋光冷画屏, 轻罗小扇扑流萤。 天阶夜色凉如水, 卧看牵牛织女星。	清严信厚芦雁团扇面 (舟山博物馆藏)	团扇以其形状团圆如月而得名。画扇之风大约从六朝已开始,画面题材丰富,包括花鸟虫鱼、山水楼阁、人物故事、诗词歌赋等,虽属小品,却有着小中见大的艺术效果。
	唐·白居易 《**问刘十九**》 绿蚁新醅酒, 红泥小火炉。 晚来天欲雪, 能饮一杯无?	清开窗烧蓝花鸟纹 长方形手炉 (舟山博物馆藏)	手炉,是在火炉的启示下演化而来的。在旧时多为达官贵族、富人子女所用的掌上之物,取暖之余也可以作为观赏之物。
	唐·白居易 《**香炉峰下新置草堂,即事咏怀,题于石上**》 左手携一壶, 右手挈五弦。 傲然意自足, 箕踞于其间。	瓷塑太白醉酒箕踞像 (舟山博物馆藏)	箕踞,是臀部着地,两脚张开,两膝微曲,形态像箕,是一种不拘礼节、傲慢不敬的坐姿。

二是面向青年群体，开发"文物的诗情画意"系列课程。博物馆里的每一件文物，都是穿越了时空来与我们相见的，每一件文物都有话要说，都是一个诗意的故事。抓住年轻人，用当代年轻人熟悉的语言和方式，去介绍独特的博物馆文化。"文物的诗情画意"系列课程就是充分迎合了青年人清新文艺的心理特征，以"真实的文物"衍生至古诗词、古画以及古人的日常生活，以"诗"和"画"为媒介和载体，让青年人用全副感官去感受、用想象力去接近、用知识储备去理解，逐步建构起诗意的过程，培养他们的"艺术情趣"。这个系列课程表达的是一种文脉相传的情怀，既满足青年人自身对历史、文化、艺术沉浸式的多感官的综合体验，又自然地传递出文化自豪感、艺术之美和亲切的浪漫氛围。

三是面向中老年群体，开发"跟着节气过日子"系列课程。二十四节气是中国的传统节日，是指导古人耕作、生活的日历。但对于中老年群体来说，节气是过日子的方式，是盼头，是希望。跟着节气应时而食，好好生活，就是踏实、美好的一生了。课程突出弘扬民族优秀传统文化、社会主义核心价值观，设置"我们的日子""时令与美食""致敬传统技艺"三个课程板块。"我们的日子"介绍每个节气的时间、来历、物候等基础知识；"时令与美食"主要介绍每个节气的天气特征、农事要点、民俗风情、时令美食乃至养生诀窍，感受"舌尖上的节气"；"致敬传统技艺"通过对舟山传统技艺的描摹、学习，将传统技艺的纯美和精妙融入日常生活。

（二）深度挖掘，有效提取多主题元素

博物馆承载着中华民族悠久的历史、博大精深的文化、源远流长的文明，是中华传统优秀文化集中展示的窗口，也是公民终身教育的课堂。舟山博物馆深度挖掘艺术典藏，有效提取多主题元素，将国家的文化发展战略、博物馆自身的藏品资源信息及文化价值等结合起来，体现我国传统文化的丰富性、多元化，地域文化的特色化、差异性，积极打造"博物馆辨识度"的研学课程。

如，"藏在古诗词里的文物"系列中的研学课程"灯的故事"，从传统文化、地域文化、红色文化三个角度提取了"花灯依旧好""海上的明灯""永不熄灭的历史之灯"三个主题（表2）。"花灯依旧好"

表2 研学课程"灯的故事"一览表

主题	古诗词	文物	研学知识点
传统文化：花灯依旧好	欧阳修《生查子·元夕》 去年元夜时， 花市灯如昼。 张祜《正月十五夜灯》 千门开锁万灯明， 正月中旬动帝京。	铜胎画珐琅嵌玻璃大吉葫芦式挂灯**（故宫博物院藏）**	了解唐代盛况空前的灯市，以及以后历代元宵灯会的不断发展，初步掌握制作花灯、猜灯谜的技巧。
地域文化：海上的明灯	《灯塔》童话故事； 雷抒雁的《灯塔》： 在黑色的夜晚， 在黑色的海上， 我们孤独地前进……	舟山嵊泗花鸟灯塔	了解舟山独特的海洋文化元素"船灯""龙灯""灯塔"。通过"灯"这个地域文化元素，感受舟山人民的历史记忆。
红色文化：永不熄灭的历史之灯	艾青的《灯》： 盼望着能到天边 去那盏灯的下面—— 而天是比盼望更远的！ 巴金的《灯》： 在这人间， 灯光是不会灭的！	煤油灯**（茅洋会议旧址）**	这是中共浙东临委在浙江省舟山市定海县茅洋林家召开东海工委扩大会议时使用过的老式煤油灯，它见证了一段解放战争时期舟山的革命史。一盏老式煤油灯，照亮革命前行路。

主要以"去年元夜时，花市灯如昼"等古诗词为切入口，让人了解唐代盛况空前的灯市，以及以后历代元宵灯会的不断发展。同时结合元宵节"点花灯、猜灯谜"的传统习俗，开展制作花灯、猜灯谜的游戏。"海上的明灯"通过舟山非遗展品"灯"，重点介绍舟山独特的海洋文化元素"船灯""龙灯""灯塔"。舟山群岛被大海包围，人们靠海吃饭，因而形成了一些特别的风俗。海岛渔民对龙具有特殊的感情，信奉"龙"，从明代开始，舟山逢年过节，遇重大喜庆祀典，都要舞龙灯、挂鱼灯，一般龙灯在前，鱼灯居后。同时舟山海域，灯塔荟萃，指引着航船避险。这个主题希望借助"灯"这个地域文化元素，向民众介绍这些风俗，唤起舟山人民的历史记忆。"永不熄灭的历史之灯"则是在建党100周年、加强革命文物保护利用背景下设计开发的红色研学课程，通过"油灯""手电筒"等，讲述一段解放战争时期舟山的革命史。同时结合艾青的名句《灯》"盼望着能到天边／去那盏灯的下面——／而天是比盼望更远的！"以及巴金的《灯》"在这人间，灯光是不会灭的！"，进一步诠释盼望光明、追求自由的伟大民族精神，为我们保护革命文物、弘扬革命文化、传承红色基因，提供了科学引导。

（三）全面解码，有机融合多学科交叉

当今博物馆正变得更加开放包容、更加民主和更具社会敏感性，博物馆多学科特征日益凸显。博物馆研学课程，是一门以博物馆藏品及其衍生文化资源为教育内容，融合课程教育与实践探究于一体的综合性课程。从博物馆学层面看，博物馆研学课程与教育学、心理学、旅行学等多学科交叉综合，密不可分；从研学内容层面看，又涉及社会历史、艺术、自然科技等各学科要素。在多学科视角下，以教育实践为支撑，将实用主义教育思想、结构主义教育思想、多元智能理论等教育理论应用到博物馆研学之中，创设体验性、实践性、视听型等众多类型融合的活动模式。同时在研学课程开发中注重打破学科壁垒，强调同一题材多学科知识的综合运用，体现"历史与艺术并重""认知与规则同步"的核心教学理念。

如"藏在古诗词里的文物"系列中的研学课程"钱币知多少"，从李白《将进酒》"天生我材必有用，千金散尽还复来"、《行路难》"金

樽清酒斗十千，玉盘珍馐直万钱"等古诗词中认识"金钱"，并选取馆藏代表性的"战国铜刀币""萧梁对文五铢陶钱"、唐宋元明清的铜钱以及丝绸之路沿线国家的钱币，融合数学、艺术、科学等多门学科，引导学生们通过实物直观了解钱币形制、轻重、大小、色泽、成分以及铸造年代等基本内容和发展特征，感受钱币历史与中国古代历史演变的关联。同时让学生模拟古代货币之间的交易与兑换，充分感受"基于实物体验"和"基于实践探究"的科学特色。

为实现研学效果的最大化，研学课程设计在注重学科融合的基础上应注重分龄设计，根据差异性量身定做研学课程，如"藏在古诗词里的文物"系列中的研学课程"铜镜里的春秋"，主要通过"高堂明镜悲白发，朝如青丝暮成雪"等古诗词认识铜镜，介绍铜镜的由来、铜镜的铭文与装饰、铜镜的制造工艺，以及铜镜的寓意"以铜为镜，可以正衣冠；以人为镜，可以明得失；以史为镜，可以知兴替"等历史与故事。小学版主要体现趣味性和故事性，让学生了解基本内容和有关背景；初中版体现实践性和体验性，让学生理解基本观点；高中版体现探索性和研究性，引导学生提出观点和深入思考[9]。

（四）创新利用，有力推进多领域合作

博物馆研学的良性发展需要博物馆、学校和社会力量以及政府部门来联合推进。《关于利用博物馆资源开展中小学教育教学的意见》明确要求进一步健全博物馆与中小学校合作机制，促进博物馆资源融入教育体系，提升中小学生利用博物馆学习效果[10]。就博物馆来说，要积极主动与学校联手，结合对应学段学生的国家课程内容与博物馆馆藏特点，充分利用博物馆的实物性、直观性、情境性等特点，共同研发课程。在课程设计和实施中，尽可能地邀请课程专家和相关教研员参与，借助各学科专家力量，使课程内容趋向于多学科内容的融合；课程实施可采用"双师授课""双向授课"等教学模式[11]，以实现博物馆教育功效的最大化。同时，还应利用旅行社等社会机构的资源优势，动员社会各方面力量搭建创新资源聚集平台，使博物馆文化资源与其他社会领域资源互补，创新策划研学旅行路线，由点成线，开发有趣有意义的研学旅行课程，最终形成博物馆研学区域、研学课程供应链。

9.10. 教育部、国家文物局联合印发：《关于利用博物馆资源开展中小学教育教学的意见》，2020 年 11 月。

11. 刘世斌：《开发博物馆课程，让学生在研学旅行中开展深度学习》，《中小学教师培训》，2018 年 7 月。

博物馆研学课程设计开发需要奠定博物馆课程理论基础。博物馆研学作为"学习的进程"，应包括课程目标、课程内容、课程实施和课程评价四个要素，须及时建立学生活动体验、学习效果评估、服务满意度评价等跟踪反馈机制，共同构建常态化利用博物馆资源开展教育教学活动的工作机制[12]。在研学课程研发中，结合学校传统教育优势，依据陶行知的生活教育理论和泰勒的现代课程理论，在实践中不断审视思考、发现问题、总结经验、提炼成果，并将其迅速转化，促进博物馆研学社会教育理论的形成。

结 语

博物馆研学课程的设计研究，既要坚持问题导向，直面发展中的热点和难点问题，又要注重博物馆多学科视野下的体系建设，知行合一，经世致用。唯有如此，我们的博物馆研学课程和理论体系才能真正做到求真务实、守正创新，推动博物馆研学领域更加成熟定型，为博物馆实践提供专业化的理论坐标系，在博物馆改革中发挥独特而重要的作用。

---

12. 金灿：《挖掘博物馆这座育人"金矿"》，《衡阳日报》，2020年10月22日。

第三章 博物之趣

博物馆里的文物是会说话的,是时间在说话。聆听它们,你也许可以了解关于历史和人类的很多趣事。

提取文物的元素,创意我们的生活,一定是有趣的。想过与几个航海家出现在棋盘上来一次探险之旅吗?想学着古人们席地而坐,将盛了酒的耳杯放在溪中,曲水流觞,饮酒赋诗吗?一个个既有颜值又有实用性的博物馆文创产品破圈走红,从有趣的表现形式到丰富的文化内涵,正融入寻常百姓生活,走进人们心里。

让文物『活起来』,把博物馆带回家。

中小型博物馆文创产品开发的困境和发展对策

近年来，在国家政策与市场资本的助推下，博物馆文创产品开发已然成为一项蓬勃发展的蓝海产业。对于大多数中小型博物馆而言，挑战和机遇并存，需要以坚守内核、创新发展为原则，通过深挖内涵创设文化符号，借力名企创建文创品牌，以互助协作、多维度联动等方式，不断突破中小型博物馆文创产品开发面临的困境，实现博物馆文创产业的全面健康发展。

博物馆文创产品实际上是一种文化创意产品。根据联合国教科文组织的定义，文化创意产品是"具有传达意见，符号与生活方式的消费物品"[1]，对于各类博物馆而言，文创产品就是博物馆在自身文化特色或馆藏资源的基础上，融合创意设计出来的物品，它代表的是一个博物馆的文化态度和文化认识。一款优秀的博物馆文创产品，既能使博物馆得到经济收益，更能扩大博物馆的文化影响力与传播范围，成为"让观众带回家的博物馆"。然而目前博物馆文创产品的开发存在着严重的两极分化现象，大型博物馆不断推出"网红"产品，引发博物馆文创热，占据博物馆数量大多数的中小型博物馆的文创产品开发却因为各种原因陷入困境，亟待突围。

一、国内外博物馆文创产品研究和开发现状

（一）国外博物馆文创产品的历史演进

国外博物馆对于文创产品的开发与研究起步很早。1871年，美国大都会博物馆就已经在馆内设立了独立的博物馆商店。1955年，美国还成立了美国博物馆商店协会。1973年，英国的大英博物馆也成立了文创产品公司，销售文创产品，之后欧洲各国的博物馆纷纷效仿。到目前为止，国外博物馆的文创产品开发已经发展成了一条成熟的产业链，且经济效益良好。比如美国大都会艺术博物馆，2015年为纽约市创收9.46亿美元，其中文创产品的销售收入占到近六成。美国纽约现代艺术博物馆（MOMA）每年接待全球近250万游客，其博物馆商店的销售收入达到博物馆总收入的三分之一。英国的大英博物馆作为较早进行文创产品开发的博物馆，拥有一大批"明星产品"，从2001年对公众免费开放后，大英博物馆文创产品的销售收入就开始成为博物馆收入的主要来源。2018年，大英博物馆还在天猫开设了旗舰店，上线不到一个月时间，店铺粉丝数量已经超过13万，店内大部分产品都被一抢而空[2]。

国外博物馆对文创产品的开发在注重挖掘馆内藏品文化内涵的同时，也十分注重与企业的合作。美国大都会博物馆就曾与知名珠宝公司合作，开发推出了一系列大众欢迎的珠宝类文创产品。但是国外的

---

[1] 江天若：《博物馆文创产品开发研究——以台北故宫博物院和苏州博物馆为例》，陕西科技大学硕士学位论文，2016。

[2] 安仁：《下一个爆款是什么？》，《金融时报》2019年1月18日（11）。

博物馆文创产业总体发展极不平衡，美国和欧洲占据了市场的绝大部分份额，其中美国占到 43%，欧洲占到了 34%，在亚洲独占鳌头的日本所占的市场总额也只在一成，其他国家或地区所占份额更是少之又少。从国际的视野而言，博物馆文创产业是一个欣欣向荣的朝阳产业，前景十分广阔[3]。

（二）国内博物馆文创产品开发的基本状况

我国博物馆文创产品的研究和发展起步于 21 世纪。虽然起步晚，但是发展速度十分迅速。随着国家文化产业发展的不断推进与深入，短短十几年，博物馆的文创产品如雨后春笋，遍地开花，成为文化产业的重要组成部分，推进了文化普及，促进了文化自信。

在这个过程中，政府的政策引导和推进作用不容忽视。从 2015 年开始，国家各相关部委接连发布了多个政策文件，支持和鼓励各大博物馆进行文创产品开发，推动文创产业健康发展。2015 年 2 月国务院发布《博物馆条例》，首次明确提出"国家鼓励博物馆挖掘藏品内涵，与文化创意、旅游等产业相结合，开发衍生产品，增强博物馆发展能力"。2016 年 3 月国务院又下发了《关于进一步加强文物工作的指导意见》，其中明确提出要大力发展文博创意产业，要求"深入挖掘文物资源的价值内涵和文化元素，更加注重实用性，更多体现生活气息，延伸文博衍生产品链条，进一步拓展产业发展空间，进一步调动博物馆利用馆藏资源开发创意产品的积极性，扩大引导文化消费，培育新型文化业态。鼓励众创、众筹，以创新创意为动力，以文博单位和文化创意设计企业为主体，开发原创文化产品，打造文化创意品牌，为社会资本广泛参与研发、经营等活动提供指导和便利条件"。

为落实国务院的相关要求，2016 年 5 月，文化部、国家发展改革委、财政部、国家文物局联合发布《关于推动文物单位文化创意产品开发的若干意见》，提出"促进文化创意产品开发的跨界融合。支持文化资源与创意设计、旅游等相关产业跨界融合，提升文化旅游产品和服务的设计水平，开发具有地域特色、民族风情、文化品位的旅游商品和纪念品"。同年 10 月，国家文物局下发《关于促进文物合理利用的若干意见》，明确了各级博物馆落实文化创意产品开发政策。11 月，

3. 傅琳雅：《中国文化创意产业发展的战略思维》，《中华文化与传播研究》2019（1）。

国家文物局又下发《"互联网+中华文明"三年行动计划》，提出"实施'互联网+中华文明'行动计划，遴选和培育一批双创空间，实施精品文物数字产品和精品展览数字产品推广项目。充分发挥重点文化产业、文物展会作用，促进优秀文化创意产品的展示推广和交易"。

在国家和政府的大力推动和引导下，2016年底，文化部、国家文物局确定或备案了154家文化文物单位作为文化创意产品开发试点单位，包括国家博物馆、故宫博物院、上海博物馆、南京博物院等近百家博物馆，积极推动文物单位探索众创、众包、众扶众筹等文创产品开发路径，创设可复制的文创新业态。

国家文物局副局长关强在武汉召开的全国文博单位文化创意产品开发推进会上表示："将把文创产品开发作为日后博物馆评价体系的标准之一"。2016年国家文物局颁布了《国家二三级博物馆定级评估细则》，其中"文化创意产品研发和经营"一项设定了40分的分值，充分激发了文博人投入文创研发工作的热情。国家博物馆与阿里巴巴公司签约，联手打造"文创中国"，还与上海自贸区签订了战略合作协议。

在这一系列政策的推动下，国内的博物馆文创开发呈现出一派热火朝天的景象，文创市场一片春意盎然。据统计，2016年，故宫博物院共开发文创产品9170种。2017年故宫文创产品总销售收入达到1亿4千万元左右，比2016年增长了26.7%[4]。

《2017年上海市博物馆年报》数据披露，截至2017年底，上海市所有博物馆开发的文创产品总数超过了1.2万种。其中，2017年共新开发文创产品1085种，文创产品年销售总额共计4921.84万元。仅上海博物馆一家就取得了3862万元的销售额。依苏州博物馆官网数据，2016年苏州博物馆的文创产品销售额900万元，2017年，销售额达到1400多万元，年增幅达40%以上。但我们也应清楚地认识到，大部分的成绩都来自故宫博物院、上海博物馆、苏州博物馆等大型博物馆，中小型博物馆所占份额极低，博物馆文创产品开发在各馆间存在较大的发展差异。根据《艺术市场》杂志的报道，截至2016年12月，全国4526家博物馆，被国家有关机构认定具有文创产品开发能力和产业规模的有2256家，而这其中实现盈利的，只有18家，不到1%的比例[5]。

---

4. 刘旻汝：《"互联网+"让文物"活"起来》，《中国产经新闻》，2018年12月8日（3）。

5. 吉芊融：《博物馆文创与文化遗产保护》，《盐城师范学院学报（人文社会科学版）》，2019（1）。

二、中小型博物馆文创产品开发的困境

根据国家文物局公布的数据，截至 2018 年底，我国博物馆总数已达到 5354 家，全国 2800 多个县市区，几乎每个县市区都能拥有一家或数家博物馆，而这其中大部分都是各种类型的中小博物馆，数量几乎占到博物馆总数量的 60% 以上[6]。

中小博物馆是我国博物馆事业的主体，博物馆文创产品开发的整体繁荣发展离不开中小博物馆的积极参与。但是与前面提到的少数大型博物馆文创产品开发欣欣向荣的现状不同，我国大多数中小博物馆对文创产品的开发都在困境中徘徊，开发的文创产品鲜有知名度与销量。造成这一现状的原因主要有如下几点：

（一）政策支持相对缺位

国有博物馆作为中小博物馆的骨干文博单位，在事业单位分类改革中，性质大都属于公益一类事业单位，按事企分开原则，不能投资开展竞争性经营活动。因此，绝大多数博物馆都不能申办经营许可证，也无法在财务上列支文创产品的经营费用。显然，现有体制的约束和财政制度的限制，已经成为中小博物馆文创产品研发经营的瓶颈。

而部分大型博物馆得到了政策的倾斜与扶持，保留了原有的经营资质和一定限度的经费支配权。现在这些大型博物馆已经成为国内文创市场的领头雁。

（二）体制机制不够完善

从体制而言，绝大多数中小博物馆的经费是依靠财政的全额拨款，也很少能够获得社会资金的捐助，这些经费只能满足博物馆日常运营。而文创产品的开发需要投入大量经费用于设计、生产、营销，对于许多中小博物馆来说这笔费用很难筹措，导致许多中小博物馆对于文创产品开发工作感到心有余而力不足。

从机制而言，根据 2018 年中央深化改革委员会发布的《关于加强文物保护利用改革的若干意见》，博物馆可以将"文化创意产品所得收入按规定纳入本单位预算统一管理，可用于公共服务、藏品征集、

6. 夏维凯：《品牌建设——地方性中小型博物馆的文创之道》，《2018 年传承与创新——地方性博物馆变革与发展学术研讨会论文集》。

对符合规定的人员予以绩效奖励等",但就如何建立合理的分配和激励机制,各地仍未出台详细的规则与办法,各家中小博物馆也不便自行决定。这也使得中小博物馆对于文创产品开发缺乏积极性。

(三)对于藏品文物的研究不够深入

博物馆文创产品,是博物馆藏品文物的市场化、产品化的显现,因此对于藏品文物的研究十分重要,这是文创产品能否出彩的关键。对于大型博物馆而言,其所藏文物具有垄断性、唯一性的优势,再加上大型博物馆研究人才集聚,研究实力雄厚,因此其文创产品的呈现相对简单,而且在市场上也同样具有垄断性的优势。中小型博物馆由于藏品本身的区域性特征,影响力同样受限,而且中小型博物馆研究力量单薄,疲于应付日常工作,相对而言严重影响了对所藏文物的深入研究,一定程度上限制了文创产品的开发。

(四)文创产品开发的专业人才缺乏

人才是事业发展的首要因素。受编制限制和历史原因影响,专业人才匮乏是许多中小博物馆面临的共同问题。在有限的文博专业人才中,通晓文化、设计以及市场理念的复合型文创人才凤毛麟角。组建研发、生产、营销团队,更是难上加难。而大型博物馆不仅拥有相对庞大的人才数量,而且拥有区位及待遇优势,可以吸引到足够多的社会优质人才,实力雄厚的博物馆还可以成立专门的部门负责文创产品的开发。

(五)开发创意能力滞后

创意是文创产品的核心竞争力。只有独特创意的文创产品,才能吸引公众的眼球。然而,创意的背后需要的是对馆藏资源的深度解读及足够的资金支持。大多数中小博物馆并不具备这样的条件,只是囿于博物馆考核规则的要求,或者是被火热的博物馆文创市场所吸引,被动开展博物馆文创产品开发,产品设计缺乏艺术含量和创意成分,多数都是文物元素的简单提取和复制。产品类型也都是嫁接了文物形态和纹样图案的书签、雨伞、T恤衫、U盘等小物件,存在着严重的

同质化现象，缺乏文创的独特性。

三、中小博物馆文创产品开发的思考

"文化"与"旅游"的融合是一个趋势，2009年文化部与国家旅游局联合发布的《关于促进文化与旅游结合发展的指导意见》中就指出："文化是旅游的灵魂，旅游是文化的重要载体。"2018年4月8日，文化和旅游部正式挂牌，标志着文旅融合发展新时代的正式到来。

博物馆作为每个城市的文化地标，毫无疑问地成为文旅融合的重要推进者。根据国家文物局的统计，2018年全国博物馆共举办各类展览超过2万个，有近10亿人次走进博物馆，博物馆日渐成为人们旅游时的优先目的地。这一新形势也给博物馆的文创产品开发带来了机遇和挑战。

然而，博物馆的"文创产品"与普通的"旅游纪念品"是两个不同的概念。旅游纪念品是游客在旅游途中购买的富有当地特色的商品，多数是传统的手工艺品和地方特色食品。博物馆的文创产品是博物馆对所处的地域文化或者馆藏文物进行深入研究的基础上开发的承载着独特历史文化的创新型产品，它不止具有商品属性，还能够帮助博物馆实现教育职能，帮助博物馆传播历史文化。这一属性是旅游纪念品所不具备的。因此，在文博旅游热高涨的当下，如何使得博物馆开发的文创产品从数量巨大的旅游纪念品中脱颖而出，既充满创意，又能提高公众对传统历史文化的关注度，是每家中小型博物馆在开发文创产品的过程中都要面临的新挑战。

（一）坚守内核，创新发展

坚持以中小博物馆藏品的地方性、区域性、独特性为基石，深入全面研究其文化内核和文化优势，同时强调创新，以改写、凝练、跨域、重读、蜕变为思路，设计文创作品。在这里，内核是灵魂，形式可以多元、丰富多彩。让馆藏文物和地域历史文化与现代生活进行紧密结合，碰撞，并重新焕发生命力。以文化内核为基因，以现代设计为支撑，以文化融通创造为愿景，从多元化的视角，深度诠释历史文化内核与当代设

计的彼此融合，诞生出一种生活美学。

（二）深挖内涵，创设文化符号

中小博物馆虽然馆藏不如大型博物馆丰富，但如果仔细挖掘，多数都拥有自己独有的文化符号，或者是地域文化，或者是行业文化，又或者是藏品故事。中小博物馆的人力、财力资源都有限，简单跟风，为了"有"而开发文创产品只是对有限资源的浪费，应该将有限的资源都集中在发现自身与众不同的文化内涵，提炼出只属于自身的独特文化符号，挖掘出藏品背后的故事，再进行创意开发，推出具有高度辨识度，能让进入博物馆参观的观众眼前一亮的文创产品。这是中小博物馆文创产品开发能否成功的关键与基础。

（三）借力名企，创建文创品牌

近年来，博物馆文创产品跨界蔚然成风，国家博物馆与欧莱雅联合推出美妆，苏州博物馆与聚划算联合推出定制服装，都取得了销量与口碑的双丰收。对于博物馆来说，跨界合作的优点在于可以借助对方强大的设计能力与品牌知名度，保证文创产品的质量，提高文创产品的出镜率。

缺乏自主研发能力的中小博物馆也可以尝试采用跨界合作的形式，以自身特色文化资源与著名企业进行合作，共同推出文创产品，打造出自己的文创品牌。灵活运用品牌授权、合作开发、图像授权等文创产品开发形式，通过将馆藏资源以授权或合作的方式提供给第三方，发挥第三方在资金、设计及创意上的优势，实现文创产品开发的双赢。可以通过创意设计赛事建立"设计方—版权方—生产方"文创开发联动机制，促进博物馆文创的众创众筹创新发展。

（四）互助协作，多维度联动

中小博物馆仅就自身一家来说体量较小，所拥有的资源有限，但如果同区域或者同类型的数家中小博物馆联合起来，资源共享，共同开发文创产品，就可以形成更大的合力，开发出的文创产品还可以放在其他博物馆的展厅进行售卖，拓宽线下售卖渠道。

◎ 游戏棋

同样，各地中小博物馆还可以根据自身实际，与当地院校建立馆校合作关系，以为设计、市场营销等文创产品开发相关专业的学生提供实践基地的形式，利用学校的资源展开文创产品的开发工作，也为学生们提供积累实际经验的机会。

积极探寻与新媒体的合作，拓展新的营销渠道，通过运营新媒体在年轻人群体中增加影响力，培养自己的粉丝群体，同时在各大电商平台开设文创产品的销售渠道，通过线上线下的多维度联动，将粉丝群体有效转化为消费者，提升文创产品的热度。

对于中小博物馆来说，文创产品的开发绝不仅仅只有经济意义，文创产品作为博物馆"最后一个展厅"里的展品，还承担着博物馆的宣传、教育职能，文创产品的开发更能增加博物馆知名度与社会影响力等。

（五）立足现状，探索出路

在现有的政策和体制下，中小型博物馆尽管受到的限制较多，但仍可以在日常的运营管理中，从培训专业人才、制定适合本馆实际情况的分配机制和激励机制等方面入手，提前布局。在为本馆的文创产品开发奠定坚实的人力、物力基础的同时，在现有政策允许范围内积极探索有效进行文创开发工作的途径。

《国家文物事业发展"十三五"规划》明确提出将在"十三五"期间落实出台《博物馆商业经营活动管理办法》，博物馆文创产品开发真正的春天终将到来，各大中小博物馆理应坚守这一阵地，并通过各种途径努力发展自身的文创产品开发工作，为我国博物馆文创产品开发事业早日实现全面繁荣而共同努力。

浅谈博物馆与文化产业的互动发展
——以舟山博物馆为例

近年来,文化产业在全球范围内快速崛起,并且已经成为国民经济发展的重要组成部分。博物馆作为文物收藏、保护、研究、教育的机构,城市文化设施的重要组成部分,在发展文化产业过程中拥有着得天独厚的资源优势,在发展文化产业经济方面起着重要作用。新建中的舟山博物馆位于舟山群岛新区,有着独特的地理区位优势和丰富的海洋文化资源。在大力发展海洋文化推进舟山海洋经济的热潮中,博物馆如何把保护历史文化遗产、发挥自身社会效益与增强财富创造能力有机地结合起来,这是值得博物馆从业者思索的一个重要问题。

一、文化产业的起源与发展

"文化产业"的概念源起德国法兰克福社会学派的阿多诺（Theodor Adono）和霍克海默（Max Horkheimer）在1947年写的《启蒙的辩证法》。自从他们把"文化产业"纳入研究范畴以来，一些西方经济学家于20世纪70年代中期开始对文化产业的理论和实践进行了比较系统的研究，并对文化产业的特点进行了阐述。联合国教科文组织是这样定义文化产业的：按照工业标准，生产、再生产、储存以及分配文化产品和服务的一系列活动，英文名称Culture Industry，也被称为"文化工业"[1]。20世纪80年代文化产业从日本传入中国。在我国学术界，关于文化产业的定义也同样是内涵丰富而多重。2003年，由中宣部牵头，成立国家统计局、文化部、广电总局、新闻出版总署等部门组成的"文化产业统计研究课题"，在其制定的《文化及相关产业指标体系框架》中"文化产业"这一概念被界定为"为社会公众提供文化、娱乐产品和服务的活动，以及与这些活动有关联的活动的集合"。

文化产业作为一种新型的文化发展形态和文化现象，从提出至今只有50余年的历史，但它却以强大的生命力和巨大的经济潜力迅速被世界各国所认同，在很多国家已经成为支柱性产业之一，成为世界公认的具有无限生机与潜力的朝阳产业。比如，美国以强大的科技为后盾，文化产品科技含量高，称得上文化产业的头号强国。有资料显示，2007年，美国文化产业的产值占到GDP的25%，大约是28000亿美元，接近于中国整个的GDP。400家最富有的美国公司中，有72家是文化企业。美国的文化产业占据着40%的国际市场份额。

我国文化产业的研究起步比较晚。2000年10月，中国共产党十五届五中全会通过的《中共中央关于制定国民经济和社会发展第十个五年计划的建议》第一次在正式文件中使用了"文化产业"的概念，提出我国文化产业的主题由提供文化产品、文化传播服务（包括博物馆等）、文化休闲娱乐活动等构成，还包括与上述三类有直接关联的用品、设备的生产销售活动以及相关文化产品（如工艺品）的生产和销售活动。2001年10月，文化部制定了《文化产业发展第十个五年

---

1. 金子：《感受美国发达的文化产业》，《今日浙江》，2009（1）。

计划纲要》。2002 年 12 月，中国共产党第十六次代表大会更是强调要积极发展文化事业和文化产业。之后短短十几年时间里，我国的文化产业从无到有、从小到大、从自发到自觉、从局部到全局，进入了加速发展阶段，特别是文化部门的建设以及向产业转化方面取得了不少进步，中国文化产业已经出现了较好的发展势头。据统计，到 2010 年底，文化部主管的产业文化单位就有 20 多万个，娱乐行业、音像行业、文化艺术行业等年上缴税 20 多亿，创值 100 多亿元，作为我国文化产业的主体部分之一的博物馆也将进入经济开发的中心地带。

二、博物馆与文化产业的融合之现状

博物馆是征集、收藏、保护、研究和传播自然和人类文化遗产的机构和场所，是展示人类文明进程、传承历史文化的重要载体，其得天独厚的藏品资源、品牌资源、人才资源、场地资源使之当仁不让地成为文化产业发展的重要阵地。近几年，我国博物馆数量猛增，在建设传统博物馆的基础上，也正积极地走产业化道路。在国家统计局颁布新修订的《文化及相关产业分类（2012）》标准中，文化及相关产业被分为十个大类，文物及非物质文化遗产保护、博物馆以及烈士陵园、纪念馆等三类被列为文化艺术服务下的文化遗产保护服务类。博物馆与文化产业出现了融合互动的势头，"博物馆文化产业"作为一个学术概念被提了出来。何为博物馆文化产业？王际欧先生定义为："博物馆的文化产业是指以博物馆为主要资源的、从事博物馆文化产品的生产经营和服务的一种文化产业。它包括以收藏、展示、传播、研究等一系列与博物馆业务紧密相关的、或作为其外延的、或支持和补充性的活动。"[2]

目前，我国的博物馆运营资金主要来自国家财政拨款，只能满足基本的生存问题，而要寻求更长远的发展，难免遇到资金短缺的问题。实际上博物馆发展文化产业，开发文化产品，不仅可以获得可观的经济效益，而且能为博物馆的文化事业发展提供额外的资金支持。如今，博物馆融合文化产业发展已成为一个备受全球业内外人士关注的话题，各国也出现了很多值得借鉴的典型案例[3]。例如在美国，博物馆到处

2. 王际欧：《浅析博物馆文化产业的特征、结构与开发策略》，《中国博物馆》，2006（3）。

3. 宋桂友：《文化产业基础》，重庆大学出版社，2010，21 页。

都是，私立博物馆占多数。博物馆种类繁多，涉及社会生活的各个方面，几乎所有的城市至少有一个美术画廊和博物馆。美国政府将博物馆列为无税机构，并在拟定所得税、赠予税、遗产税征收政策时，充当了博物馆利益的保护者，为博物馆的发展奠定了可靠的物质基础。但政府同时要求博物馆经营的商品必须与收藏的文物相关，迫使博物馆自主研发特色商品，从而形成了美国博物馆纪念品自主开发、自我营销的独特个性。据资料显示，美国大都会博物馆、史密森尼博物馆群2002年的文化产品销售收入已经超过了1亿美元。英国文化产业的蓬勃发展更是得益于对博物馆资源的深度开发与规模化、体系化和世界化的策略，英国的旅游景点中有80%都是博物馆，主要博物馆和展览馆的年营业额超过90亿英镑，经济活动中每1000英镑中有1英镑直接与博物馆相关。大英博物馆在展览中还引入非洲鼓乐和热舞，歌舞翩翩、鼓声震天，做法非常新颖。中国北京王府花园，充分利用得天独厚的王府文化，打造国宴餐饮、茶社休闲、戏曲娱乐、祈福活动、展览参观、"福"字纪念品购物等一系列服务项目，将文博事业和文化产业高度融合，成功转型为今日门庭若市的王府博物馆，经营收入从不足500万元直线飙升为1个多亿。但从总体情况看，我国博物馆与文化产业融合发展的前进步伐和发展速度相对缓慢，产业意识不足，开发、经营能力较弱，产业运作方式单一，具有自主创新品牌或独立知识产权的产品寥寥无几，整体实力仍显薄弱。比如说，大多数博物馆文化产品停留在依托博物馆文物藏品的复仿制品以及博物馆藏品和展览相关的书籍，且品种单调、雷同。在特色印象、树立品牌意识，建立资助机制，统筹资本运作，推行多元管理，发展理事会、基金会等机制创新诸多方面与国外同行业还有很大的差距。同样，作为舟山唯一的综合性博物馆——舟山博物馆，在文化产业大潮中也处于被动落后的尴尬局面，由于缺乏藏品资源的挖掘开发，缺乏既懂专业技术又懂产业经营管理的综合性人才，博物馆文化产业几乎是一片空白。

三、舟山博物馆海洋文化产业发展之设想

近年来，舟山群岛新区高度重视蓝色海洋文化建设，加强对文化

产业的税收优惠扶持力度，努力把海洋文化产业打造成浙江舟山群岛新区经济增长的一个新亮点。海洋经济的迅速发展、精神文明的同步建设，为建设中的舟山博物馆新馆文化产业的发展提供了机遇。目前在建的新馆建筑面积达 14100 平方米，展厅面积达 6000 平方米，展览区将设"天宝海洲""东海渔歌""群岛往事"等三大板块 13 个专题，展陈海洋资源、海岛历史、海洋文化三个方面的内容，以大型场景制作、标本模型制作、多媒体互动运用等形式，较为全面地向观众介绍舟山得天独厚的自然资源、悠久的海岛开发史、海味浓郁的渔盐生产和民俗信仰，为观众呈现丰盛的海洋文化盛宴。因此，在对舟山博物馆新馆建设的同时，应深入挖掘利用博物馆海洋文化内涵，探索一条融合海洋特色的文化产业之路。

（一）联手旅游产业，推出博物馆特色旅游线路

不论是发挥社会效益还是获得经济效益，不论是文化事业还是文化产业的发展，归根结底是人气。近年来，来舟山群岛旅游的人数不断攀升，据统计，2013 年的旅游人数达到近 2000 万人次。博物馆作为一个地区历史、民族、资源的重要展示窗口，应借鉴古根海姆在毕尔巴鄂的示范作用与宣传效应，积极与旅游产业联手，利用博物馆极

富海洋特色的展览与休闲活动，推出博物馆海洋文化旅游路线。

1. 以博物馆极富海洋特色的建筑及环境来吸引参观游客

博物馆的建筑及其周围环境可以体现出一个地方、一座城市的地域文化特色以及经济文化水平。博物馆的外观及其周围环境是否具有吸引力，很大程度上决定着人们是否参观博物馆。舟山博物馆位于临城海洋文化艺术中心，与舟山文化馆、图书馆、城市展览馆一起构成紧密联系又相对独立的建筑体。舟山博物馆的建筑立意取材于浪花与礁石，建筑正面的一道道"裂痕"表现出浪花拍打礁石所造成的痕迹。夜幕降临时分，灯光、多媒体将一道道"水痕"变幻成星空璀璨、海鸥飞翔、鱼儿邀游的海岛风光，这种独特的空间表意方式和艺术向度完美地匹配了舟山地域文化与城市风貌，给游客一种强烈的视觉诱惑与震撼，极具"古根海姆效应"。

2. 以博物馆浓郁的海洋文化特色展览与休闲活动促进文化消费

舟山丰富灿烂、奇特瑰丽的海洋文化在中国海洋文化中具有典型性和代表性。舟山博物馆应积极参加旅游产品促销会、文化产业博览会等，更大范围内宣传和吸引旅游资源。同时博物馆应从旅游市场需求出发，根据旅行社提供的信息针对性地调整临时展览与休闲活动。比如内地来的游客对海洋生物感兴趣，博物馆根据游客需要举办"东海渔歌——舟山海洋渔都渔俗展"，设置一些织渔网、唱渔歌、打绳结的互动项目，让游客们感受浓郁的海洋文化特色，独具韵味的民俗民风；比如福建来的游客对观音文化感兴趣，博物馆设置一些"陀佛的微笑"等因缘活动，观佛像、听佛音、品佛茶……通过博物馆文化的展示，提升旅游线路的人文内涵、文化的连贯性，满足旅游者的精神文化需求。另外，博物馆还应注重从文化的角度诠释博物馆的文物资源与其他文化资源的关系，注重服务的质量与整体形象，开发真正具有博物馆自身特色和海洋文化特色的休闲娱乐活动，为公众提供高质量的服务产品。

（二）挖掘博物馆藏品资源，开发海洋文化特色的纪念品

博物馆丰富的馆藏文化资源是开发纪念品的重要前提。舟山博物馆虽建馆时间不长，但经过多年积累，库藏日增，精品渐丰，其中海

派书画、清青花瓷、香炉、明清家具、海洋生物标本、船模等藏品特色鲜明，底蕴深厚，有着独特的海洋文化元素，博物馆可以通过展示工艺技术、文化背景、历史环境及其对历史的影响来进行产品的开发。

1. 从陈列展览的特色性到文创产品的系列性

随着社会物质文化生活水平的不断提高，观众来博物馆已不满足于单纯看陈列展览，他们还希望购买一些自己喜爱的文物的复仿制品，带回去继续观赏或收藏。有些观众对博物馆陈列的展品或主题有可能是完全陌生的，如果缺少必要的说明引导，通常难以凭借经验的联想来理解展览的真正内涵与意义。因此，博物馆在凭借馆藏文物的优势举办特色专题展的同时，可以配合陈列展览开发具有代表性的系列纪念品。这些纪念品可以是各种质地的复仿制品和衍生产品，也可以是科研与大众传播的成果和普及的图书资料，还可以是音像制品和其他数码信息制品，以形成文化产品的序列性和多样性。在推出陈列展览的同时开发的纪念品也随之营销。比如博物馆新馆开馆将举办"跨越海洋——中国海上丝绸之路八城市文化遗产精品联展"，在筹办展览的同时，可以以代理、联合、定向研发等多元筹措手段，组织展品复制、图书音像等衍生产品，充分挖掘展览的附加值。又如在举办"馆藏扇面展览"时，可推出这方面相关的出版物和音像制品，可研发《团扇卷》《折扇卷》《花卉卷》《人物卷》等类别册子出售，还可进行扇面的书法绘画、扇子的制作等互动节目。另外，博物馆在围绕重要馆藏来开发相关衍生品的同时，应注重文物藏品所展现出来的地方差异，注重消费者的年龄差异、文化背景的差异。当有重大节日时，博

◎ 黑桃木杯垫

物馆还可推出专为配合该节日而制作的精品陈列、文化交流、节庆游园、纪念品销售等项目，及时发现并抓住可能存在的商业机会。

2. 从藏品复制到自主设计品牌

如今，越来越多的观众在参观博物馆时想寻找到能反映博物馆特色和文化品位的特色纪念品，这就要求博物馆不能仅仅停留于文物藏品的复制，应将馆藏文物的文化元素融到商品中，设计制作独具特色的文化产品品牌。舟山博物馆设计开发文化产品时，可联手院校师生，与青年设计者密切合作，开发一些代表性的海洋特色的文创产品，一方面，可以唤起年轻一代对海洋文化、传统文化的兴趣与品位，另一方面青年人的参与会突破传统纪念品的千篇一律、严肃端庄，开启想象与欢乐，呈现日常和亲和。另外，舟山博物馆还应设计自己的标志性语言或博物馆品牌的 logo，把博物馆的文化资源进行细致推敲，以满足广大游客"把博物馆文化带回家"的精神文化需求。

（三）发挥博物馆人才技术优势，提高综合服务能力

博物馆除拥有丰富的文物藏品资源外，还有专业的设备设施、专业研究人员等，这些都为博物馆的文化产业增添了新的内容。随着社会和经济的发展，文物市场、大众收藏、艺术品拍卖市场等的形成与发展，也给博物馆文化产业带来了良好的机遇。一般的收藏爱好者由于缺乏必要的文物鉴定知识，迫切需要专业人员的指导。博物馆的专业人员，针对社会需求，通过文化中介部门举办各类文物鉴赏、修复等讲座或培训，组织水下考古、海洋生物等方面科普读物或音像制品的出版；为各类志愿者、校外辅导员等，提供相应的专业知识服务。

（四）联合文化产业部门，重视网络电子商务应用

近年来，随着互联网用户的稳步增加，网络营销模式也因其快捷、高效的特点被人们广泛认同和接受。博物馆通过网络营销，将文化产品本身所赋予的文化进行广泛传播，让更多的人了解博物馆文化和历史背景，也间接培养了人们参观博物馆的兴趣。舟山博物馆可以与相关文化产业部门协作，成立文创产品文员会，利用微博、网站等搭建设计、制作和销售的共享平台。博物馆将能够代表海洋文化精髓、具有普遍适用性的元素提供出来，由会员单位中的院校师生设计、制作出产品，如带有海洋文化特色的图录、徽章、文房用具、贝雕、船模、渔民画等，通过博物馆电子商务平台，将艺术、创意与产品销售融合，逐渐形成网上营销的特色，充分发挥博物馆文化产业的优势。

博物馆文化产业的发展是博物馆自身生存和发展的需要，也是满足人们精神文化生活的需要，更是经济社会发展的需要。在博物馆与文化产业互动发展的大好形势下，我们有责任将博物馆文物中凝结的民族智慧和精神，创造成为文化产业发展的动力和文化创造的源泉，使中华民族的历史文化在保护中利用，在继承中创新。

文旅融合下博物馆
文创产品的坚守与发展

文旅融合发展新时代的到来，给博物馆文创产品的研发与销售带来了新的挑战和前所未有的机遇。如何把博物馆静态的文物赋予潮流的设计，使"藏品"变成"商品"；如何充分对接旅游资源，改变销售平台，并以"新零售"的方式直接触及消费端；如何用好IP资源授权，让博物馆文创产品独具魅力，是博物馆人必须研究的重要课题。

一、博物馆与旅游的携手前行

2018年4月8日，文化和旅游部正式挂牌，标志着文旅融合发展新时代的到来，文化和旅游融合发展工作翻开了崭新的一页。博物馆作为"中国历史的保护者和记录者"和"当代中国人民为实现中华民族伟大复兴的中国梦而奋斗的见证者和参与者"，也由此开启与旅游的携手同行，形成一种新的文化现象与推动力量。

事实上，博物馆与旅游相互依存，互动已久。随着我国经济快速发展，人们对精神文化的需求愈加重视，尤其是人文旅游资源的深度开发，而博物馆旅游正好符合社会发展潮流。博物馆拥有得天独厚的历史、文化、艺术沉淀，体现了大众历史生活或者各民族的文化风情，通过有趣和体验式的展示手法，配合以活动的组织与文化创意产品的推出，极大地满足了游客精神和消费需求。文化旅游需要博物馆作为关键核心的一环，博物馆也需要文化旅游行业的带动和广泛传播，以塑造博物馆独特的品牌形象，从而推出形式多样、让大众喜闻乐见的文化产品，参与市场化竞争。

譬如，2016年世界博物馆日的主题是"博物馆与文化景观"，这也是国际博物馆协会首次努力把博物馆业界和社会公众的关注点引向博物馆机构的功能与文化景观这一广义的文化遗产类型。如果我们细读一下国际博物馆协会对该主题的诠释，就可以更加辩证和理性地认识博物馆与旅游之间的关系：博物馆应贡献知识和专业技能，扮演积极的角色，对其文化景观承担起责任。鉴于此，博物馆应与包括公共和私有机构在内的所有利益相关方开展合作，携手努力，凸显两个领域的关联与互动。由此可见，今天的博物馆与旅游的再融合，是一种新型的融合，是一种更深层次的融合，是一种生活的融合，幸福的融合。旅游因博物馆更加富有魅力，博物馆因旅游更加富有活力。

二、博物馆文创产品的几多欢喜与忧愁

（一）博物馆文创产品的春天来了吗？

博物馆文化旅游的发展顺应了社会旅游业蓬勃发展的内在需求，

丰富了旅游业的深度和广度，极大地推动了精神文明建设，促进了社会经济与文化的双重发展。根据国家文物局的统计，2018年全国博物馆共举办各类展览超过2万个，有近10亿人次走进博物馆，博物馆日渐成为人们旅游时的优先目的地。这一新形势给博物馆的文创产品开发带来了机遇和挑战。作为"最后一个展厅"的博物馆文创产品，在蓬勃发展的大潮中，春天来了吗？

博物馆文创产品，又称博物馆衍生品，是以博物馆馆藏文物为创作基础或对象，经过创意生产出的能够承担传播、教育、使用和装饰功能的产品。在漫长的过去，博物馆文创这项被当作"纪念品"的经营并不受重视。近年来，国家政策的转变成为博物馆文创发展的助推器。2015年3月《博物馆条例》明确提出"鼓励博物馆挖掘藏品内涵，与文化创意、旅游等产业相结合，开发衍生产品"[1]；2016年5月，《关于推动文化文物单位文化创意产品开发的若干意见》再次提出，"鼓励众创、众包、众扶、众筹，以创新创意为动力，以文化创意设计企业为主体，开发文化创意产品，打造文化创意品牌"[2]。一系列政策法规极大地激励了各大博物馆，博物馆文创开发热潮涌动，迅速进入了"快车道"。同时资本也开始瞄准了这个新兴市场，互联网巨头们把触角伸到了文博行业。在政策支持和资本推动下，博物馆文创产业迎来前所未有的发展，春天似乎已经来临。2016年1月，国家博物馆开了天猫旗舰店，上线了文创品牌"国博衍艺"，启动了"文创中国"项目；2016年7月，苏州博物馆联手聚划算，打造了"型走的历史"时装发布会；2016年7月，故宫与腾讯达成长期合作关系，2018年，故宫跨界美妆行业……严肃的博物馆纷纷打起了"创意牌"，在文创发展方面屡出新招，从衍生产品的设计，到销售平台的改变，赋予静态的文物以潮流的设计，使"藏品"变成"商品"，并以"新零售"的方式直接触及消费端，文创创出了一个新的产业。公开数据显示，2017年，苏州博物馆文创产品销售额达到1400多万元，国家博物馆开发的文创产品累计收入约3亿元，故宫博物院文创销售额超15亿元。

（二）博物馆文创产品没有那么简单

博物馆文创市场一片春意盎然，但并非看起来那么红火与风光，

1.《博物馆条例》第三十四条：国家鼓励博物馆挖掘藏品内涵，与文化创意、旅游等产业相结合，开发衍生产品，增强博物馆发展能力。

2.《关于推动文化文物单位文化创意产品开发的若干意见》总体要求：依托馆藏资源、形象品牌、陈列展览、主题活动和人才队伍等要素，积极稳妥推进文化创意产品开发，促进优秀文化资源的传承传播与合理利用；主要任务：鼓励众创、众包、众扶、众筹，以创新创意为动力，以文化创意设计企业为主体，开发文化创意产品，打造文化创意品牌，为社会力量广泛参与研发、生产、经营等活动提供便利条件；支持文化资源与创意设计、旅游等相关产业跨界融合，提升文化旅游产品和服务的设计水平，开发具有地域特色、民族风情、文化品位的旅游商品和纪念品。

也远非想象中那么简单，其发展还面临诸多阻碍。从总体情况看，我国博物馆文创发展的前进步伐和发展速度相对缓慢，在树立品牌意识，建立资助机制，统筹资本运作，推行多元管理，发展理事会、基金会等机制创新诸多方面与国外同行业还有很大的差距。

首先是博物馆的文创思路存在一定局限性。固然已经有以故宫、国博、苏博为首的一批大博物馆做得风生水起，但它们在全国高达数千家的博物馆体量里，占比小得可怜。很多博物馆跟风推出了文创产品，形式貌似多样，实则同质化严重、品质堪忧。或是文物的简单复制，将镇馆之宝等直接拷贝成产品，没有多少艺术含量和创意成分；或是元素的浅层借鉴，将文物形态、纹样图案简单嫁接到书签、雨伞、T恤衫等实物上，手法单一，缺乏艺术提炼；再或就是千篇一律的卖萌。这些文创产品仅局限于产品本身，几乎等同于"旅游小商品"，很难让博物馆文创产品"取悦"观众，也没有达到博物馆"伴手礼"的创意设计与品质标准。

其次，博物馆文创开发资金和技术存在短缺。不管是博物馆文创产品开发团队运作维持，还是后期产品的生产，都需要大量的资金投入，这样的巨额资金除了像故宫和国博等超级大馆外，并非所有的博物馆都能负担得起，很多博物馆的资金来源还是靠政府拨款。因此现实中许多中小型博物馆做文创产品，资金不足，专业人才缺乏，产业意识、产品研发、经营能力均比较薄弱，只能借助社会的资金和力量，多数以艺术授权或合作的方式开展，即使推出了博物馆文创产品，也存在着品种少、批量小、成本高的缺陷，更缺乏品牌建设、市场营销等，产业链条上的诸多环节都存在着不同程度的盲点，很难迈出实质性的步伐。一组数据可以提供参考：根据《艺术市场》杂志的报道，2016年12月，全国4526家博物馆，被国家有关机构认定具有文创产品开发能力和产业规模的有2256家，而这其中实现盈利的，只有18家，不到1%的比例。

再次，事业单位体制和企业经营存在矛盾。博物馆是公益性事业单位，而文化创意产业具有市场性，是一种企业行为，具有企业的游戏规则，两者并不完全兼容。另外关于文创产品分配机制，虽然2018年10月出台的《关于加强文物保护利用改革的若干意见》中明确"文

化创意产品所得收入按规定纳入本单位预算统一管理,可用于公共服务、藏品征集、对符合规定的人员予以绩效奖励等",但如何建立合理的分配和激励机制,仍处于探索阶段。

三、根植文物和文化,开启博物馆文创产品的美好旅程

在文旅高度融合的难得机遇下,当创意、知识、价值的创新以及文化的独特性等成为竞争力的核心元素时,如何发挥博物馆自身文化优势,结合富于当代精神的灵活创意,在变动的时尚中重新演绎历史与传统的价值,同时彰显新锐的时代风格,对博物馆文创而言,既是挑战也是使命。

(一)发挥行业优势,坚守博物馆文创的独特性

作为公益类文化单位的博物馆,是中华优质文化资源的集中保存地,是传统文化研究人才的集聚地,因此更应发挥博物馆资源的独特性优势,利用藏品所蕴含的传统文化底蕴,将中国传统文化中优质的东西带入今天的生活,传承传统中的美好,以文创产品的形式,将历史与美好呈现给大众。

用文创产品讲好博物馆的故事。这是博物馆文创产品相对于其他文创产品独特的吸引力。因为博物馆内最珍贵的是文物,而文物最珍贵的是每一件背后都有专属于它自身的历史文化故事,都有一段凝固其中的历史记忆。当我们走进博物馆,站在展览柜前,我们可以穿越时空阻隔,听到文物的"述说"。当我们离开博物馆,一件好的文创产品能帮助我们留存记忆,把博物馆的展览、文物及其反映的社会思想带回家,潜移默化地传递其中所承载的文化内涵。博物馆文创设计者只有深挖博物馆藏品的文化内涵,讲述蕴含在每个文物藏品中独一无二的文化历史故事。以它为创意灵感,结合时代的特征去设计专属于博物馆自己的文创产品,将文化以一种更为随性、更为灵活也更为普通大众所接受和喜爱的形式发扬光大,博物馆文创产品才能更好地发挥"文化使者"的作用,这是文创产品真正的意义,是博物馆文创产品在表达"独特性"时需要展现的核心元素,也是博物馆文创产品

合惜·胡桃木果盒

在越来越激烈的文创市场竞争中立足的核心能力。一件好的文创产品，一定是以另一种方式讲述历史。

用文创产品抒发博物馆的情怀。当普通的文创产品已不再新鲜，那些具有美好情怀、亲切感的文创产品带来的沉浸式体验，更能满足带着些许目的或者期待而来的民众。"为看展者提供一些别处买不到的新奇东西，勾起民众在博物馆看展的回忆和博物馆情怀，用有形的载体讲述无形的故事，传递有温度的文化情怀。"这应该是设计师们在设计和开发博物馆产品时所要坚持的设计理念，也是对文物的坚守、对历史的敬畏和对文化传承的责任。由此，除了衣食住行、娱乐等相关的真实存在"物品"外，文创产品是否可以有更多的可能？答案是肯定的。博物馆还可以设计一些消费者自己动手制作的手工文创产品，让博物馆以一种新的面貌走向消费者的生活，成为一种生活技能常识，满足消费者的手作情怀。苏州博物馆的文创产品"文徵明紫藤种子"就是一个成功的案例，尽管只是几颗用精致盒子装着的紫藤树的种子，但它来自四百多年前，由文徵明亲自种植，这枚"种子"表达的是一个文脉相传的情怀，当人们种下这颗种子，看到它发芽、抽叶，会有一种思接千古的感觉。借鉴上述的"非物质"与"参与性"的创新点，博物馆文创可以将一些非物质文化遗产定制成一些有意思的手工课程，

◎ 龙茗·陶瓷马克杯

让消费者参与到产品的制作中来，与历史文化进行互动，从而创造或找回自己的专属回忆，感念历史文化底蕴所赐予的情怀。

（二）注重公益属性，走入寻常百姓家

博物馆文创产品不仅要以"博物馆美学"为特色，强调工艺精湛的品质感和文化内涵，更应强调人与物的沟通，融入现代生活，从而实现实用化、亲切化、人性化的特点。将博物馆的文化底蕴、器物的形象图案，灌注独特的设计思想、人性化的设计，在追求高颜值的同时，注重公益属性，讲究有温度、合胃口、接地气，让文创产品能够有实实在在的用处，从而进入寻常百姓家，让我们的生活"越中国、越高贵"。

因此，博物馆文创产品开发应注重非营利、公益性的产品开发，开发出众多拥有知识产权和商标的好产品。尽最大可能与当代人的审美、日常需求对接起来，将传统之美注入到生活的方方面面，设计出更多的具有日常使用功能的物品，比如常见的行李牌夹、钥匙扣、磁贴、

包袋等等与衣食住行有关的生活用品，既用起来称心如意，又具有中国风格。或如，当今社会手机基本成为每个人的生活必需品，故宫博物院以此为契机，目前已经研发了一百多款符合各类品牌手机的外壳，深受观众喜爱。如此，观众逛博物馆带回的不再是简单的工艺品，而是凝聚了文化元素和人文情怀的可以丰富生活体验的实用之物。当博物馆文创既有依托于博物馆和藏品本身的文化意蕴和纪念价值，又有当代设计所带来的功能性、形式感和创意的旨趣，博物馆文创产品才能真正走进普通人的生活，让万千游客喜爱。

（三）结合时代潮流，丰富公共文化新需求

弘扬中华传统优秀文化，弘扬各个地方的地域文明，让公众愿意把有传统文化内涵的东西和记忆带回家，这是博物馆公共文化服务的组成部分。博物馆开展文化创意产品开发，应更好地坚守社会责任，结合时尚潮流，融合大众喜好，丰富公共文化新需求。

目前，博物馆文创产品最具购买力的消费人群为"80后"和"90后"。他们有个性、充满活力，深谙网络文化，追求购物的趣味性，同时拥有不俗的审美。而传统的博物馆文创产品多为字画、瓷器、馆标等历史感较"沉重"的衍生品，难以满足互联网时代越来越"时尚"的观众对文化产品的需求。因此，博物馆文创产品首先要摸清主要购物人群的消费心理，以公众需求为导向，以时代前沿科技为依托，与

◎ 青山归远·金属镂空珐琅书签

时代接轨，在适度"卖萌"的同时，结合传统文化根基，生成的文创产品才会更有生命力[3]。例如，苏州博物馆的造型茶包"唐寅泡"，以唐伯虎为人物原型，以睡、醉、笑、思为四个主题，巧妙将人物设计成可以挂在茶杯上的四种造型，背后有对应造型的唐寅诗句，打开礼盒，最先出现的是漫画版的唐伯虎一生传奇故事，让人品茶之余了解唐伯虎的一生。由于创意满满，一上市就受到年轻人追捧，无一例差评。事实证明，博物馆文创的研发未必一本正经地严肃，可以更关注大家喜欢的流行元素，彩妆、收纳盒、耳机等等，只要是大家喜欢的、需要的东西，融入传统文化有何不可？创造出既有趣味性又有内涵，既有时尚科技又有颜值的文创产品，调动起消费者的自主购物欲望，既让观众在博物馆感受到传统文化所赋予的幸福感，又使每一个拥有者都变成移动的传统文化传播者。

3. 李玄戈：《针对不同人群特征的博物馆文创产品设计》，《艺术与设计（理论）》，2018（2）。

（四）创新发展模式，探索体制机制建设

文创产品要发展，关键是要解放思想，突破博物馆的自身局限，突破"博物馆资源只能为博物馆所用"的局限。互联网产业的飞速发展，为博物馆文创的信息共享、设计众创、开发众筹提供了更多可能。

IP 资源授权应该成为发展主流。对很多小型博物馆来说，没有文创开发能力，通过 IP 资源授权与第三方进行合作的模式促进文创产品开发。将馆藏资源以授权或合作的方式提供给第三方，发挥第三方在资金、设计及创意上的优势，实现文创产品开发的双赢。

构建开放的文创平台或是未来方向。博物馆、企业、设计师等在

整个文创链条中都有自己最擅长的优势所在。博物馆在资源有效结合与巨大消费市场的基础上，构建一个涵盖设计、生产、运营、销售的"全生态"文创平台，将 IP 资源向专业设计师、投资方、生产方、销售方等开放，通过创意设计赛事或创意审查会等建立"设计方—版权方—生产方"之间公开透明的文创开发机制，最终解决源头创意、版权开发、销售渠道、品牌营销、利益分配等问题，共同促进博物馆文创的全民众创众筹创新发展[4]。此外，博物馆还可以与高校、设计行业协会等社会力量达成设计联动，借助专业的设计力量，研究开发有效的文创产品，以实现优势互补；或是尝试采用跨界合作的形式，以自身特色文化资源与著名企业进行合作，共同推出文创产品，打造出自己的文创品牌。

结 语

博物馆文创产品是博物馆展览和教育功能的延伸，是博物馆展示自身活力的最佳窗口。在个性化、体验化的文化旅游新趋势下，激活博物馆文创，利用藏品所蕴含的传统文化底蕴，把中国的传统文化精髓设计到文化创意产品当中，让它融入当代生活，在时代中展现出新的个性，让更多的人在文创体验中感受到文化的魅力，是博物馆文创发展的必然趋势。目前虽存在着许多亟待解决的问题，但只要坚守住传播历史文化的本心，结合更多新创意、新科技，博物馆文创这位穿越历史的"弄潮儿"，一定能够给博物馆带来一种巨大的活力，同时也带来文化传播与经济发展的双赢。

---

4. 魏金金：《博物馆文创开发如何突破困境？》，《中经文化产业》，2017 年 5 月 5 日。

"让文物活起来"背景下博物馆展示传播的思考与实践

——以舟山博物馆为例

博物馆肩负着见证时代、保存记忆的使命,扮演着文化展示与传播、文化聚集与吸引的重要角色。长期以来,博物馆通过收集文物标本,进行科学研究,举办陈列展览,与参观者进行文化信息的沟通和交流。新媒体技术时代和体验传播的到来,为展示与传播带来了更多的交互空间与可能,为参观者提供了更优质、更多样化、更高质量的双向体验服务,使博物馆的展示与传播得以更有效地体现,从而实现让文物真正"活起来"。

新兴技术赋能美好时代，展示社会文明程度、提升公共文化服务水平、增强文化软实力，是博物馆展示传播工作的立足点。新兴技术的赋能，日益成为激发博物馆活力，创新发展的重要引擎。让文物活起来，"动"起来、"智"起来、"融"起来是关键[1]。运用新兴技术让文物展示从静态转为动态，通过移动端、二维码、虚拟现实等技术，以"鲜活"的形式走向观众，加强观众与文物的互动；推进文物资源的数字化，利用大数据、云计算、人工智能等先进手段，以"智慧"的方式讲述文物的身份信息，实现文物数字资源的共享开放，满足群众参与研究鉴赏的多元化需求；加强精准开发和联合协作，促进博物馆与其他业态有机整合，以"融合"的方式实现文物效益的增值效益。

一、博物馆展示传播的发展与不足

博物馆展示和传播与媒介发展密切相关，随着新技术、新平台与新业态的迅猛发展与快速崛起，博物馆展示传播模式正在悄然改变，并呈现出数字化、智慧化、多元化的特点，给传统展示传播带来了新的挑战和深远的影响。

在"让文物活起来"的大潮中，很多博物馆与时俱进，积极寻求展示与传播新方式，将展示传播与数字技术的使用优势相结合，涌现出很多经典案例。如打造云展览、网络主题直播，吸引观众在云端相会；建立移动 App 应用场景，以艺术化的展示形式和用户喜爱的沉浸式体验，收获用户好评；建立微博、微信、抖音、快手等新媒体矩阵，通过 @ 点名，联动引领展陈爆款话题，引发网络热点。但值得注意的是，国家级、省级大馆的展示传播更加形式多样、内容丰富、风格成熟，舆情管理稳健，影响力巨大，实现了与不同形态的行业的跨界融合，使博物馆焕发了新的生机。然而，其背后所投入的大量资源与人才力量是很多中小博物馆难以企及的，现实中数量众多的中小博物馆的展示传播由于资金不足、研究能力薄弱、专业人才缺乏等条件制约，发展相对滞后，并存在一定的问题：文物研究阐释水平较低、展示传播能力较弱，与观众交互性较差、黏合度较低；线上线下展示传播创新性较低，很多中小博物馆线上展示传播是疫情期间一种被动的选择，

---

1. 人民网：《让文物"转"起来、"智"起来、"动"起来》，2021年3月7日。

呈现的基本是线下展厅的复制版，或者是线下教育活动的翻版，平淡无奇，没有变化。尤其是对青少年的吸引力较弱，灵活性不足，情感认同不强。

二、舟山博物馆展示传播的思考与实践

如何准确提炼并展示中华优秀传统文化的精神标识，用生动鲜活的故事、喜闻乐见的展陈语言，阐释文物的历史价值、文化价值、审美价值、时代价值，利用新技术手段，把文物承载的文化力量充分释放出来，是舟山博物馆近年来重点思考的问题。准确识变、科学应变、主动求变，打破传统模式，凝练地域文化特征，聚焦时代热点，策划原创展览、创作衍生读物、开发研学课程、建立新媒体矩阵等，把舟山文化"基因"以一种自然无痕的方式融入其中，以多感官体验、情感体验、认知体验、沉浸式体验，打造"无边界博物馆展示与传播体系"。

（一）深挖海洋文化内涵，创作衍生读物，促进多感官体验

有着"千岛之城"美誉的舟山市位于浙江省东北部，四面环海，是我国第一个以群岛建制的地级市。在春秋时期，舟山又称"海中洲"。舟山群岛虽长期孤悬海外，其文化和中国海洋文化既有同又有异。依海为生、依海而兴、靠海生存的舟山海洋文化在中国海洋文化中独具特色，正因如此，舟山海洋文化成为中国海洋文化中不可缺少的一抹异色。博物馆需深挖海洋文化内涵，展示海洋文明，创作文物故事读本，讲好海洋文化故事，实现观众与展项的交互。

1. 展示海洋文化特色。 在舟山博物馆一层的"美丽家园——舟山自然陈列"厅，首先映入眼帘的是一座巨大的铜像雕塑。雕塑生动还原了舟山渔民出海捕鱼的场景——一位较年长者屹立船头，两位年轻渔民则紧紧抓住帆绳、用力往自己的身后拉，一面巨大的船帆仿佛在眼前缓缓"升起"（图一）。展厅内展示了568件舟山区域内的动植物标本、古动物化石、海洋生物标本等方面的藏品，反映舟山地貌形成、发展的全过程，也反映了舟山最具特色的自然生态情况（图二）。二层的"渔风海韵——舟山民俗陈列"展厅集中展示了385件体现舟

◎ 图一 舟山渔民出海捕鱼雕塑

◎ 图二 美丽家园展陈

◎ 图三 渔风海韵展陈

山海洋民俗的藏品，不仅向观众普及了舟山生产生活的一些工具和民俗知识，还涵盖了舟山地区非物质文化遗产方面的内容，体现了极具海洋特色的民俗民风（图三）。三层的"群岛往事——舟山历史陈列"，展示了舟山从东海边的蛮荒之地逐步发展成为千岛新区的历程。舟山人民历经风雨沧桑，不断向海洋进军，用勤劳和坚韧耕耘着这片蓝色家园，创造了舟山灿烂辉煌的海洋文化。

　　2. 创作展陈衍生读物。 为更好地让观众读懂陈列展览，读懂海洋文化，建立并加强联系，2018年1月，舟山博物馆和《舟山晚报》联合打造了"纸上博物馆"栏目。目的就是借助舟山博物馆具有特色的陈列展览、丰富的藏品，以及《舟山晚报》强大的发行量和影响力，来进一步传播舟山的海洋文化。由于这一栏目的受众主要是普通市民，所以"纸上博物馆"栏目的文章注重通俗性和普及性，努力做到在保证学术严谨性的前提下，将原本需要一定门槛才能理解的文物知识，转换为轻松可读的小文章，配上一幅幅精美的文物图片，打破了一般市民与文物之间的隔膜。"纸上博物馆"栏目设立以来，已讲述文物故事一百余篇，借助《舟山晚报》强大的发行量和广泛的网络影响力，博物馆里的文物故事走进千家万户，在读者中建立了良好的口碑。2019年12月，在"纸上博物馆"基础上，精选了20余件最具有代表性的展陈珍品，编撰完成《博物东海——舟山博物馆文物故事读本》。这是一本写给小朋友的图文并茂的读物，以故事的形式，设置了海岛先民、海丝遗踪、海疆烽火、海错趣闻、海上藏珍五个单元的不同内容，描绘出一幅东海博物画卷。针对小朋友的知识层次和理解能力，对书中的文字和图片进行了精心设计和巧妙构思，通过碎片化、多点链接等手法简化和分解，结合深入浅出的演绎和叙述，力求文字和插图"活"起来。

　　3. 引导多感官体验互动。 认知心理学认为，"感觉为人类提供了内外环境的信息，保证了机体与环境的信息平衡，是一切较高级、较复杂的认识活动的基础，也是人全部心理现象的基础"[2]。在展览参观中，参观者的身体行为同样不能与思维和情感分离，感官体验的激发对观众在展览中的认知体验和情感体验都有影响。有研究证明，通过设计不同的展示可以刺激观众的不同感觉，刺激的广度和深度决定了观众感觉的多样性。相比传统展示传播，运用新媒体技术可以带来更快更广的信息传播速度和容量的优势。为更好激发观众更多种类的感官感受，制造丰富的感官体验，舟山博物馆在陈列展厅设置"多媒体互动墙"，通过轻击图片，可随意放大、缩小，多角度观察文物的细节，让文物720°无死角转起来，满足年轻人"随时随地观赏、随心随意分享"

2. 彭聃龄：《普通心理学》，北京师范大学出版社，2012。

◎ 图四 多媒体互动墙

的传播欲，进一步激发了文物展示的热度、炫度、广度、深度（图四）。同时，创新出刊《博海行舟》新媒体读物，将展品故事、展览视频等内容进一步改编、整合、深化，制作电子月刊持续发力，再次传播。电子月刊一经上线就深受广大读者的欢迎，成为内容丰富、文化体验优质的新媒体读物，取得了良好的社会反响。

（二）凝练地域文化特征，开发研学课程，引发情感共鸣

如何体现博物馆的地域文化？故宫前掌门人单霁翔指出，"博物馆应将传统文化、民族文化、地域文化融入博物馆文化之中，教育于观众，使观众产生积极的影响，尤其是对青少年观众"。大同市博物馆馆长王利民指出，"博物馆依托地域文化完善教育功能，地域文化依赖博物馆得以广泛传播"。舟山博物馆从承载的海洋文化出发，进一步审视馆藏资源，依托革命文物、红色资源、遗址器物等文化元素，提炼本土概念，凝聚文化情感，打造地域文化的精神家园，充分塑造了舟山人的"文化自信"。

1. 策划本土原创展览。 立足海岛，收藏岛城记忆，宣传海洋文化是立馆宗旨与工作准则。2020年是第一次鸦片战争爆发180周年，在

◎ 图五 海军参观「蹈海——纪念舟山解放70周年」

这场战争中，舟山两次为侵华英军所攻占，舟山军民为保卫家园付出了重大代价。同时2020年还是舟山解放70周年，70年前我强大的人民解放军渡海作战，解放舟山，使舟山走上了新的历史轨道。为深刻展示这两场对舟山历史进程产生了深远影响的战争，让广大市民在博物馆中抚今追昔，不忘历史，舟山博物馆策划完成"战海山——纪念舟山军民抗英斗争180周年"与"蹈海——纪念舟山解放70周年"两个本土特色原创展览。

其中，"蹈海——纪念舟山解放70周年"展览征集了40余件与解放舟山直接相关的历史文献资料，包括舟山解放捷报、报道舟山解放的旧报纸和参加舟山战役的解放军部队发行的军报等；策展人员与解放军驻舟山某部、舟山市公安局、舟山市档案局和普陀区档案局进行了联系与沟通，借用了一大批珍贵的历史资料、实物展品，弥补了本馆相关展品不足的缺憾（图五）。该展览荣获了2020年度100项"弘扬优秀传统文化、培育社会主义核心价值观"主题展览。

2. 增强情感体验。心理学表明，情感是人对客观事物是否满足自己的需要而产生的态度体验。在参观展览的过程中，观众的情感在主

◎ 图六 张贴在『蹈海——纪念舟山解放70周年』展厅门口的舟山解放喜讯

观判断和自动反应中具有重要作用，能影响人的学习和理解。在"蹈海——纪念舟山解放70周年"展厅入口的墙上，设计张贴了一张张舟山本岛解放当天的舟山解放喜讯，唤起人们的情感共鸣，引起更深层次的关注和参与（图六）。展厅墙面上播放舟山解放当日盛况的视频，一段3分多钟的黑白视频中，生动再现了孩童在滩涂上捡螃蟹，解放军进城，舟山民众在街上游行庆祝解放等军民共建的感人画面。观众看到熟悉的街道，感受着这70年舟山的巨大变化。

3. 开发研学课程。在"蹈海——纪念舟山解放70周年"展览征集中"挖"出了许多精彩的故事。比如第七兵团的兵团报《华东前线》的画刊中，图文并茂地描述了一位登步之战中的战斗英雄傅祥明的传奇故事；一个东海游击总队老战士使用过的手电筒、一盏普通油灯，结合这些展陈实物，研发了"藏在古诗词里的文物"系列课程"灯的故事"。从传统文化、地域文化、红色文化三个角度提取了"花灯依旧好""海上的明灯""永不熄灭的历史之灯"不同的主题。"花灯依旧好"主要以"去年元夜时，花市灯如昼"等古诗为切入口，了解唐代盛况空前的灯市，以及以后历代元宵灯会的不断发展；"海上的

◎ 图七、图八 从这里，航向深蓝——舟山与人民海军特展展厅

明灯"通过舟山非遗展品"灯"，重点介绍舟山独特的海洋文化元素"船灯""龙灯""灯塔"。"永不熄灭的历史之灯"则是在建党100周年、加强革命文物保护利用背景下设计开发的红色研学课程，通过馆藏"油灯""手电筒"等，结合艾青的诗词名句《灯》"盼望着能到天边／去那盏灯的下面——／而天是比盼望更远的！"以及巴金的《灯》"在这人间，灯光是不会灭的！"，进一步诠释盼望光明、追求自由的伟大民族精神，为我们保护革命文物、弘扬革命文化，传承红色基因，提供科学引导。

（三）聚焦时代热点，建立新媒体矩阵，彰显博物馆力量

博物馆肩负着见证时代、保存记忆的使命，扮演着文化展示与传播，文化聚集与吸引的重要角色。通过有效提取多主题元素，聚焦国家的文化发展战略、博物馆自身的藏品资源信息及文化价值，举办主题展览及教育活动，引发社会情感共鸣，增加受众黏度，是博物馆展示与传播的重要途径之一。

1. 联办主题热点展览。 2021年7月1日，舟山博物馆联合驻舟海军部队举办的"从这里，航向深蓝——舟山与人民海军特展"（图七、

◎ 图九 海警某部指战员在"从这里,航向深蓝——舟山与人民海军特展"展厅内举行向党旗宣誓仪式

◎ 图十 小朋友们在"从这里,航向深蓝——舟山与人民海军特展"展厅里观看海军老电影

图八、图九)开展,展览分海疆悲歌、东海集结、黄海轻骑、砺"舰"远洋、航向深蓝五个单元,讲述不同历史时期舟山的海军故事,很多珍贵的海军历史文物和海军新旧战舰船模都是首次公开展示,为展览增加了颇多亮点。

2. 制作沉浸式体验。沉浸式体验在心理学领域是指,当人们在进行活动时如果完全投入情境当中,注意力专注,并且过滤掉所有不相关的知觉,即进入沉浸状态。当观众获得沉浸式体验时,会全神贯注于展览,会有高度的兴奋和充实感,并留下更深的印象。在"从这里,航向深蓝——舟山与人民海军特展"策划中,模拟军舰造型,布置互动体验装置,伴以阵阵涛声,营造了人在舰中行的氛围,鼓励观众在其中自由活动、探索,充分地与展品达成互动,对于展厅的视觉、听觉、触觉的感受被极度放大,促成了极强的沉浸感。

另外,策划"童心向党"教育实践活动,设置重温入党誓词空间,以模拟海军日常、观看海军影片,学习担架制作和包扎伤员等方式(图十),引导广大青少年学习党的光荣历史、弘扬党的革命精神,在他们心中播下"知党、敬党、爱党"的种子,传承红色基因,让革命薪火代代相传。

3. 建立新媒体矩阵。 借助新媒体技术，制作数字展览"从这里，航向深蓝——舟山与人民海军特展"，并积极与广播电台、大舟山网络、晚报传媒等平台合作，开辟融媒体矩阵，丰富内容供给新样态，拓展话语表达新方式，推出"耳朵里的博物馆——人民海军的故事""舟博直通车——建党100周年物证征集"，开设"海军家属话舟山""微心愿微祝福"等专栏，利用语音、视频、图片、在线直播等进行数字化技术重构和场景再现体验，创造了一种与公众对话的全渠道传播，转化为公众看得见、摸得着，生活化、多样化、立体化的个人体验。观众对博物馆、对相关的展示内容产生兴趣，从表象深入到其情感与精神的本质部分，从而被打动，产生认同和共鸣，促进文化信息的高效传达。博物馆多元融合的文化力量也由此成为展示城市软实力、城市品质的主阵地，真正实现博物馆"为社会和社会发展服务"的价值与社会使命。

（四）创新"博物馆＋"，加强合作联动，助力海洋文化走出去

近年来，各大博物馆不断挖掘"超级IP"的商业价值，跳出"文博圈"，通过区域协同创新、社会参与、跨界合作等方式，促进博物馆资源要素有序流动、优化配置及开放共享，盘活资源破局出圈。如实施"博物馆＋"战略，促进博物馆与教育传媒、科技、旅游、商业等跨界融合，将社会不同主题相互联结，在跨媒介领域实现社会效益的增值。

1. 跨界联展联动。 舟山博物馆积极寻求其他领域、其他行业机构的合作，提高自身展示传播能力。一是联合举办"走马过红尘——纪念三毛特展"。2019年3月26日是享誉世界的舟山定海籍作家三毛的诞辰。当天上午，舟山博物馆联合定海区台办、小沙街道和区文联，举办此展览。展览精心挑选了200余件珍贵的三毛遗物，有荷西和三毛的爱情信物——骆驼头骨、三毛的书画作品、三毛作品的手稿原件、三毛的宝贝珍藏等，其中很多藏品还是首次展出，此外还有大量不同时期三毛的个人照片，向观众全面展现三毛不羁的人生轨迹和独特的人格魅力（图十一、图十二）。展览自开幕以来就受到全国各地三毛粉丝群体及普通观众的喜爱。展览期间共策划举办了配套活动12场，还邀请三毛家人来到展览现场和观众共同怀念三毛，对展示传播起到

◎ 图十一 邀请三毛家人出席开展仪式

◎ 图十二 三毛弟弟陈杰先生接受采访

◎ 图十三 『走马过红尘——纪念三毛特展』网上展厅

◎ 图十四 『走马过红尘——纪念三毛特展』网上展厅

◎ 图十五 电舞百年 世纪追光——纪念舟山有电100周年特展开展仪式

了较好的宣传效果，扩大了社会效应（图十三、图十四）。二是与国网舟山供电公司跨界联合举办的"电舞百年 世纪追光——纪念舟山有电100周年特展"（图十五）。2021年适逢舟山有电100周年，舟山博物馆开拓思路、开辟渠道，以自身的展陈条件与博物馆展陈理念为前提，与国网舟山供电公司跨界合作，打造出了一个反映舟山电力发展百年的展览。此次展览共分为"星星之火""碧海点灯""潮鸣电掣""溢彩流光""山海同辉"五个主单元，用近百件见证了舟山电力事业发展的实物，结合富有创意的展陈与趣味十足的互动形式，向观众展示了舟山电力事业的百年足迹和电力工业的发展对舟山的繁荣、百姓的生活所产生的深远影响。

2. 助力海洋文化走出去。 传承和创新舟山海洋文化，将这些隐藏在舟山文物中的"舟山海洋文化"发掘展示出来并广泛传播，这不仅仅是"海洋文化"建设的需要，同时也是新时代的舟山博物馆人为实现中华民族伟大复兴的中国梦所必须付出的努力。比如，以"海洋文化+"的形式，深化和整合研究力量，结合市场机制，以合作联动形式做好博物馆优质展陈的输出。目前，我馆已推出"珠螺锦贝——甲胄下的柔软生活""馆藏册页展""三毛旧照展""鏖战东海——解放舟山图片展""普陀山佛教书法展"等高质量展览,分别走入广东鸦片战争博物馆、楚雄州博物馆、湖州博物馆、丽水博物馆、海宁博物馆等,打造舟山博物馆海洋文化品牌效应。同时,在"文化走出去"和"一带一路"倡议的双重助推下,采用"博物馆+新媒体",将博物馆的区域文化故事汇入中国话语体系,以多元而系统的海洋文化与世界文化相融合,进一步向世界展示舟山海洋文化的醇厚魅力。另外,积极探索"博物馆合纵与连横"创新文旅融合组织模式,协商创建"舟甬互助共享机制",加强"长三角协作"等地域联动,探讨更深层次的融合发展。

结 语

数字时代,打造了全新的文物展示传播的研究模式,将艺术和科技、内容和形式、虚拟与现实、展陈设计的艺术策略与传播效度相结合,建立人与人、人与社会、人与环境之间的认知和情感联系,呈现新的思维,提供了新的视角与路径,这是非常值得探索的方向。

参考文献:
1.包晗雨,傅翼.试论体验时代基于新媒体技术的博物馆交互展示.中国博物馆,2021(4).
2.张雪嫣.新时代博物馆社交教育及传播工作的思考.出版广角,2021(13).
3.赵丰.从一家之言到人类共识——谈"众望所归:丝绸之路的前世今生"策展思路和活动设计,中国博物馆,2021(2).

后记

去年夏天,因为征稿的一篇小文得到编辑无心的一句夸赞"难得的一篇佳作",感到诚惶诚恐,却也冒出一个想法,也许可以出本集子。在诸位前辈、朋友的鼓励下,我着手将2008年在博物馆工作以来写的一些文章进行了整理和编辑。书名谓以"拾光",既是对过往时光的怀念,也是表达命运兜兜转转、百转千回仍坚守初心的积极态度,或是说以平和之心之境看待世界,悠然自足的一种境界。正如古人所说:"虽不能至,心向往之。"也算是对自己的一种鞭策。

对于博物馆工作,我常常纠结于这种状态:半路出家,虽然也曾参加考古学与博物馆学研究生班进修,但依然学习肤浅;办公室岗位,虽然也有教育宣传、文博推广等实践经验,但终归还是浅薄。故而,对于学术研讨、出集子不大有底气,因为它会将个体全方位地打开,俯仰之间便发现自身无法弥补的不足与缺憾。

在书稿交付之时,十五年文博工作所经历的诸多困窘与豁然开朗,不时浮现于脑海。

2008年8月,我从一位教书育人的老师转身为一名文博工作者,一时感觉很无知,很茫然。博物馆是什么?我能为博物馆做点什么?

著名的德国文学家歌德说:"博物馆者,非古董者之墓地,乃活思想之育种场。"

美国盲人女作家海伦·凯勒曾在她的著作《假如给我三天光明》中写道:"我要把这一天用来对整个世界,从古到今做匆匆一瞥,我要看看人类走过的艰难曲折的道路,看看历代的兴衰和沧桑之变,这么多东西怎么能在一天内看完呢?当然,我只能参观博物馆。"

刘慈欣创作的科幻小说《三体》中有一句话:"给岁月以文明。岁月是什么?岁月就是时间。岁月流走,有的文明绵延千年,有的文明随之消失,但有一个地方却记录下给岁月以文明的历程，凝固了给时光以生命的瞬间，这个地方就是博物馆。"

街头巷尾的老百姓也许会说，博物馆就是宝藏和古物。

不同的人因为文化背景和兴趣的不同，对博物馆的社会角色认识存在一定的差异。

今天的我，可能会说，学校里读书是一种阅读，博物馆读物也是一种阅读，阅读博物馆是一件很美好的事情。一个简单的造型，一处模糊的纹路，都蕴藏数千年文明的密码和谜题，即使残破，依然闪耀着不朽光芒。博物馆是高度浓缩的历史和世界，历史是时间给我们每个人的馈赠。博物馆会让你知道，世上万物都经历过一番神奇的时空之旅，青铜冰鉴是两千年前的冰箱，阳燧是西周太阳能打火机，连拨浪鼓、打陀螺这些玩具都有自己的历史呢……看，这就是博物馆，有意思吧！

孔子讲："三十而立，四十而不惑，五十而知天命。"癸卯年，我虚岁五十，拙集之付梓，算是对自己知天命之年的一种慰藉，做一份礼物送给自己，也是对我工作三十年来的一个小结，更是对自己工作所思所想创作的一次审视与校正。拙集精选我进博物馆工作以来的十五篇文章，以点带面，尽可能地附以实例做出了多角度、多层次的分析，真实地体现了我对博物馆工作的思考。限于学识水平，在创作及编辑过程中错误与疏漏在所难免，恳望诸位前辈及方家指正。书中照片如涉及版权问题，也请与我联系。

值此《博苑拾光》付梓之际，衷心感谢多年来给予帮助的所有前辈、同道和朋友！感谢为拙集出版给予帮助并付出努力的舟山博物馆及各位同事！

李飞群

图书在版编目（CIP）数据

博苑拾光：博物馆教研行思录 / 李飞群著. — 秦皇岛：燕山大学出版社，2023.8
ISBN 978-7-5761-0534-6

Ⅰ．①博… Ⅱ．①李… Ⅲ．①博物馆－社会教育－文集 Ⅳ．①G266-53

中国国家版本馆 CIP 数据核字（2023）第 117071 号

博苑拾光
李飞群 著

出 版 人：	陈 玉
责任编辑：	柯亚莉
封面设计：	应余晓
出版发行：	燕山大学出版社 YANSHAN UNIVERSITY PRESS
地　　址：	河北省秦皇岛市河北大街西段 438 号
邮政编码：	066004
电　　话：	0335-8387555
印　　刷：	舟山市明煌印业有限公司
经　　销：	全国新华书店

开　本：	710mm×1000mm　1/16	印　张：	10.25
		字　数：	160 千字
版　次：	2023 年 8 月第 1 版	印　次：	2023 年 8 月第 1 次印刷
书　号：	ISBN 978-7-5761-0534-6		
定　价：	68.00 元		

版权所有　侵权必究
如发生印刷、装订质量问题，读者可与出版社联系调换
联系电话：0335-8387718